U0878099

嗨，别担心

你可以摆脱焦虑

边玉芳 主编

Christopher Willard

[美] 克里斯托弗 · 威拉德 著

边玉芳 刘昊林 蒋柳青 译

湖南教育出版社

·长沙·

图书在版编目（CIP）数据

你可以摆脱焦虑 /（美）克里斯托弗·威拉德著；边玉芳，刘昊林，蒋柳青译. 一长沙：湖南教育出版社，2024.4
（嗨，别担心）
ISBN 978-7-5539-9867-1

Ⅰ. ①你… Ⅱ. ①克… ②边… ③刘… ④蒋… Ⅲ. ①焦虑－心理调节－青少年读物 Ⅳ. ①B842.6-49

中国国家版本馆CIP数据核字（2024）第083933号

MINDFULLNESS FOR TEEN ANXIETY: A WORKBOOK FOR OVERCOMING ANXIETY AT HOME, AT SCHOOL&EVERYWHERE ELSE BY CHRISTOPHER WILLARD

湖南省版权局著作权合同登记章字：18-2023-277号

NI KEYI BAITUO JIAOLÜ
你可以摆脱焦虑

出 版 人：刘新民	策划编辑：陈慧娜
责任编辑：姚晶晶	封面设计：凌　瑛
出版发行：湖南教育出版社（长沙市韶山北路443号）	
电子邮箱：hnjycbs@sina.com	网　　址：www.jiaxiaoclass.com
微 信 号：家校共育网	客服电话：0731-85486979
经　　销：全国新华书店	
印　　刷：湖南省众鑫印务有限公司	
开　　本：710 mm×1000 mm　1/16	
印　　张：12.5	字　　数：145 000
版　　次：2024年4月第1版	印　　次：2024年4月第1次印刷
书　　号：ISBN 978-7-5539-9867-1	
定　　价：48.00元	

本书若有印刷、装订错误，可向承印厂调换。

译者序

青少年是儿童向成人角色转变的关键过渡阶段，个体在这一阶段会经历生理、认知和社会性等多方面的发展，对于个体价值观的形成和人生的塑造具有重要的意义。在影响个体成长与发展的众多因素中，心理因素以其不易觉察的隐蔽性、易于波动的敏感性，以及能够决定所有外部因素作用于个体的最终形式的重要性，成为需要特别关注的重要方面。然而，近几年我国青少年的心理健康状况不甚乐观，引发全社会的广泛关注。据估计，全世界有 10%~20% 的青少年存在心理健康问题，约 50% 的心理健康问题在青少年时期加剧，若不及时干预，其影响往往会持续到成年阶段。而《中国国民心理健康发展报告（2021—2022）》显示，约 14.8% 的青少年存在不同程度的抑郁风险，其中 4.0% 的青少年属于重度抑郁风险群体；《2022 年国民抑郁症蓝皮书》也显示，抑郁症发病群体呈年轻化趋势，18 岁以下的抑郁症患者占总人数的 30%，50% 的抑郁症患者为在校学生。抑郁以外，焦虑、成瘾、学习困难、情绪障碍、品性障碍、自残自伤、虐待及霸凌等个体的内外化问题，也都会造成严重的心理健康问题及相关后果，需要引起教育行政部门、学校、家长及青少年自身的高度重视。

这几年，我国政府从国家战略的高度来关注学生身心健康问题。

2023 年 4 月，教育部、国家卫生健康委等十七部门联合印发《全面加强和改进新时代学生心理健康工作专项行动计划（2023—2025 年）》，特别提出要全方位开展心理健康教育，组织编写大中小学生心理健康读本，扎实推进心理健康教育普及。为切实回应党和国家的号召，关注社会需求，我们一直将儿童青少年的心理健康作为研究的重要议题，这次我们很高兴应湖南教育出版社的邀请，翻译这套引进自美国 New Harbinger Publications 公司的青少年心理自助系列图书（Instant Help），向青少年、家长及教育工作者科普相关主题的心理健康知识，以期支持青少年个性、情感、社会适应能力等方面的发展，最终形成健康的自我、丰富的个性和正向的价值观，为全面加强和改进新时代青少年心理健康工作添砖加瓦。

New Harbinger Publications 自创立以来的 40 年间一直是普及心理健康知识、推广积极生活方式、促进个体幸福感提升的重镇。该出版公司致力于邀请经验丰富的从业人士撰写基于实证研究和临床验证的书籍，同时也注重简明扼要、易于操作、切实解决读者面临的真实问题。Instant Help Books 是一家专门为儿童青少年以及家长提供心理类自助手册的出版公司，在行业内处于龙头地位，在 2007 年被 New Harbinger 收购。该品牌已成为认知行为疗法（CBT）“第三次浪潮”的代表，系列书籍使用接受承诺疗法（ACT）、辩证行为疗法（DBT）和正念减压疗法（MBSR），将传统认知行为疗法技术与正念和接受等其他方法相结合，用最先进的理念和手段向青少年传授行之有效的技能，以帮助他们应对来自父母、学校、社会甚至是他们自己的各种困境。截至目前，该系列已出版 50 多本著作，主题涵盖焦虑、抑郁等心理障碍临床表现，离婚、社交媒体等触发情境及因素，自我关怀、自信等自我探索与发展方面，以及正念、行动思维等帮助提升幸福感、保持身心健康的技能与手段等。该系列图书不仅能够帮助青少年应对危机、健康成长，也得到了家长、咨询师、治疗师、学校教师和辅导员的一致好评与推荐，其中多本手册再版，并被译作各种语言销往世界各地。

我们精心挑选了其中的 8 本图书引进到国内出版，涵盖目前我国青少年心理健康需要特别关注的 8 个方面，包括抑郁、焦虑、愤怒等情绪的调节，社交、父母离异等问题的应对，自伤自残现象的处理，自尊与自我价值的确立等。我第一次阅读出版社提供给我的原稿，就特别喜爱，认为对促进我国青少年心理健康是十分有帮助的。

受邀以来，我们遴选多名文字功底好、治学严谨、认真负责的青年教师和研究生承担翻译、校对等工作，最后由我本人对这些翻译稿进行统校。在翻译过程中，我们秉持客观准确反映原作观点的基本原则，致力于提高文本的实用性和可读性，使其真正服务于我国广大青少年，为他们排忧解难；同时，兼顾家长、校长、班主任和辅导员等群体，将本书打造为解决青少年常见心理问题的操作指南。

最后，我要由衷感谢湖南教育出版社以及陈慧娜、姚晶晶、张件元、陈逸昕、胡晓、崔沛源等各位编辑老师，感谢你们的慧眼和信任，让我们有机会翻译这么好的一套书，感谢各位编辑老师事无巨细的翻译指导和高质量编校。同时我要感谢参与本次翻译的各位成员努力与严谨的工作，他们是梁丽婵、刘昊林、蒋柳青、丁振、庄瑞雪、李海燕、黄婉婉、曾毅，正是大家的共同努力才使这么好的一套书能在较短时间内面世。

衷心盼望本书能够成为我国推进青少年心理健康教育的工具书！盼望每一个青少年能以乐观、积极、阳光的心态面对充满希望的人生！

边玉芳

2023年12月26日于北京

前言

工作以来，我同许多来自不同背景、面临各种困境的年轻人打过交道，总结出了一个规律，就是越聪明、越具有创造力的青少年，就越容易焦虑，程度也越严重。我的理论是，焦虑是聪明、创造性的大脑疯狂运转的结果。想想看——如果你身处焦虑之中，而你恰好又是一个聪明伶俐、富有奇思妙想的孩子，那么就可能会不停地想出一堆理由去解释为什么自己的课堂发言一塌糊涂，为什么参加的舞会变成了一场灾难，或者为什么父母会对自己失望。好消息是，你再也不用对自己的大脑感到恐惧了，在我们的帮助以及你自己的努力之下，借助本书提供的一些练习，你可以让自己聪明的创造性的思维回到正轨，真正为自己工作，而不是与自己作对，比如给每种焦虑的想法都配上几十种应对方案。

最近我听到这样一句话："思维可以是你最好的仆人，也可以是你最糟的主人。"基于我曾帮助过成百上千人克服焦虑障碍，这句话对我来说尤为正确。

也许我自己也有点焦虑，这一点我们稍后再聊。

当大脑和身体为我们工作时，它们可以巧妙、熟练地解决一道道难题，如在高速驾驶时轻松处理来自几十个角度的视觉信息，或者精细地调节运球所需的成千上万次的肌肉运动。但大脑失灵时，就会向我们传达错误的信息——恐慌的时候到了，可怕的事情即将发生在自己或我们爱的人身上，那么我们真的会开始崩溃，事情也会在脑海中变得越来越可怕。

目前还不完全清楚焦虑为什么会产生，研究者并没有就某种解释达成一致。长期以来，到底是先天还是后天因素对人类的焦虑影响更大，这样的争论一直很激烈，你或许也曾在学校的生物课上讨论过这些。我们目前的理解是，焦虑可能是两者共同作用的结果：可能存在使你更容易受焦虑影响的基因，也可能是在经历过一些状况或压力之后，这些基因才被激活，进而把你逼到崩溃边缘。

无论焦虑来源是什么，本书都提供了应对当前焦虑的方法和帮助你抵御焦虑进一步侵袭的练习。这些练习也可以帮助你改变那些会使焦虑恶化的生活方式来减轻压力。本书会提出一些问题，也留出空间给你作答，其中一些问题可能过于私密，不适合把答案写在这本书里，你可以选择在其他地方记录下来，或者干脆不答。但如果你不答，至少去好好思考这些问题。

如果觉得自己需要一些动力，可以试试和朋友、亲人或治疗师一起完成这本手册。你可以跳着阅读，只看对自己最重要的部分，但要想从本书中得到最大的收获，那一定要从头到尾通读，并定期练习。

本书中的一些工具改编自非常古老的练习，也有一些应用了现代的心理治疗技术。例如："身体扫描"和"湖泊冥想"是基于乔·卡巴金开发的正念减压疗法(MBSR)；有关"智慧心"的想法来自玛莎·莱恩汉的辩证行为疗法(DBT)；"思想游走"这个练习来自史蒂文·海斯的接受与投入疗法(ACT)；"富有同情心的朋友"和"口袋里的鹅卵石"

这样的练习受到了克里斯·格默和克里斯廷·内夫静观自我关怀（MSC）的启发；“让雨下吧（RAIN）”练习是由米歇尔·麦克唐纳开发的；我的朋友阿什利·希特金帮助我设计了瑜伽练习。

学习管理日常焦虑并不是一条容易走的路，但有很多青少年和成年人都成功了，你也可以，相信自己！

Contents

目 录

CHAPTER 1 关于焦虑

CHAPTER 2 正念：专注于当下

CHAPTER 3 在家庭中

CHAPTER 4 在学校里

CHAPTER 5 在社交场合

CHAPTER 6 压力下的表现

CHAPTER

1

关于焦虑

我已年老，经历过很多苦恼，然而那些担忧过的麻烦，大多都没有发生。

——马克·吐温

了解这件事可能会对你有所帮助——你并不是唯一一个焦虑的人。事实上，焦虑是你们这一代人最需要关心的心理健康问题，每三个青少年中就有一个正在体验焦虑。自这本书的前一版出版以来，这个数字翻了一番，当时只有六分之一！（别担心，这本书中涉及的数学问题都交给我！）

这意味着，几乎可以肯定你认识的很多人——至少是某个朋友，或是班级、运动队以及课外活动中的某些人，甚至可能是你学校里的上百个孩子——都会有焦虑情绪，还有许多人的焦虑问题会伴随他们的一生。因此从另一个角度来说，你也是幸运的，在年轻时就开始学习如何去应对焦虑。

最好的消息是，你可以学会如何更好地管理焦虑情绪，可以尝试把焦虑最小化，这样它就不会那么频繁地出现；即便它真的出现，你也可以很好地应对，这样它就不会再对自己、对自己的生活产生那么大的影响。

那你为什么会焦虑呢？正如我之前提到的，有些人有焦虑的遗传倾向，遗传基因决定了他们更容易患上焦虑障碍。但每个人都会在生命中的某些特定时间体验到焦虑情绪，这也是有必要的：我们都需要一个保护性的警报系统来提醒自己可能发生的危险，从而保证自己的安全。

你有没有住过带烟雾报警器的房子或公寓？每当你做饭油烟过大，就会触发报警声。焦虑就像这样：它有一个过度敏感的警报系统，总是在错误的时间响起，让我们什么事情都做不成。

在错误的情况下，这会非常尴尬；更糟糕的是，这最终可能使自己处于更危险的境地，因为我们一旦太过专注于虚假的警报，就会忽略了真正的威胁，就像弄不清到底是真的失火了，还是只是父母又在做饭而已。

了解导致焦虑的原因是有帮助的，我们后续也会进行探讨，但明确怎样应对焦虑更为重要，这也是本书的主要目标：为你提供实用的工具，即使是最棘手的焦虑情景下，你也能够使用它们来应对自如。在年轻的时候直面焦虑可能很难，但积极的一面是，如果你成功地克服了焦虑，那将能够在余生中对自己和身边的人产生莫大的帮助。

活动

01

那么，我为什么会感到焦虑？

你需要知道的

像许多事情一样，焦虑障碍往往会在家族中遗传，你可以问问父母和其他亲属，看看他们是否也曾受困于焦虑，以及他们为了克服这种情绪都做了什么。和焦虑一样，最有效的治疗方法往往也能在家族中遗传，所以如果能找到对其他家族成员有效的方法，那就有了一个很好的开始。请记住，焦虑障碍的典型表现可能并不像你所想象的那样，仅仅是脑子里的一种念头或是会掌心出汗，你会在本章后面了解到更多有关焦虑症状的表现，其中有很多你可能根本就想不到会和焦虑相关。在了解家人的相关信息时，记住这一点。

- 你知道家里有人患有或可能患有焦虑障碍吗（也许是一个看起来很紧张或很容易感到压力的亲属）？如果可以的话，和那个人谈谈，在这里写下他们是如何处理焦虑的。

有些人的焦虑往往始于遗传倾向，生活中的各种事件则会逐步加重、恶化这种不良的状态，就像如果曾在公开演讲中有过糟糕的经历，那么很可能此后一想到它就会开始感到焦虑。哪怕只是看到自己关心的人度过一段很艰难的日子，也可能会让我们对生活中的某些事情保持警惕，或是会导致我们焦虑，这取决于不同的情况。有些人可以很快地克服，继续自己的生活；但对于那些天生更敏感的人，或者刚好事情赶上了错误的时机，身体里的警报就会变得更容易触发，甚至在问题解决之后，还会长时间妨碍正常的生活。当然，有些经历远比搞砸课堂发言要糟糕得多，这些会产生更深远的影响。

- 你是否因为自己或身边的人有过不好的经历而对某件事情感到焦虑或特别敏感？哪些记忆让你印象深刻，或是一想到就会焦虑？

- 你可以找一个信任的人去聊聊这些焦虑的经历——也许是朋友、父母、治疗师或其他成年人。在这里写下他们的名字。

想一想，关于这些焦虑的经历，你想和他分享到什么程度。不一定一上来就分享你的人生故事，也不必是最严重的惊恐发作[①]。想清楚后，下周开始跟他分享一点，并注意体察自己在分享前、分享过程中以及分享后的感受。

许多其他因素也会导致焦虑。一方面，我们生活在一个危险的世界，每个人都会从媒体、学校、父母和朋友那里得到一些信息，应该为这些而感到担忧：从恐怖主义、社交媒体焦虑、校园枪击到性传染病。这种情况下我们的警报系统处于高度戒备状态也就不足为奇了。每个人都需要一个可靠的警报系统来应对这个危险的世界，但这个警报系统也要能够明确区分这种担忧是否现实。焦虑可以说就是警报系统太过敏感了。这本书可以帮助你不要盲目地相信自己所想的一切或是身体发送的每一个信号。

- 你最担心的是什么？

____

____

- 哪些说法会让你觉得世界是充满危险的地方？

____

____

① 惊恐发作：一种心理疾病，发作时有强烈不适，表现为突如其来和反复出现的莫名恐慌与不安，甚至可能体验到濒死感，每次发作几分钟到数十分钟不等。

- 你父母和朋友最担心什么?

- 有没有哪些担忧是你从他们身上“感染”的?

- 这些担忧在多大程度上可能真实发生?

那你到底为什么会焦虑呢?这很可能是基因、大脑的结构和工作方式,以及生活中的事件(包括成长的环境)共同作用的结果。在学术界,这被称为“生物—心理—社会模型”,这个词挺唬人的,你现在可以时不时地在心理课的交流讨论中显摆了!请看下页的维恩图,想想是什么导致了你的焦虑,并在下页的空白处创建属于你自己的维恩图。来吧,这可是很有趣的数学题!

生物:是否有身体健康问题或相关家族基因,导致你焦虑?例如,小时候经常生病或是容易过敏的青少年更容易焦虑,你有类似的体验吗?

心理:不,你不是精神病患者。但是,你对世界、对自己和未来的观念(乐观或悲观),甚至是学习方式,都可能对焦虑情绪产生影响。它们对帮助你恢复能起到多大的作用?

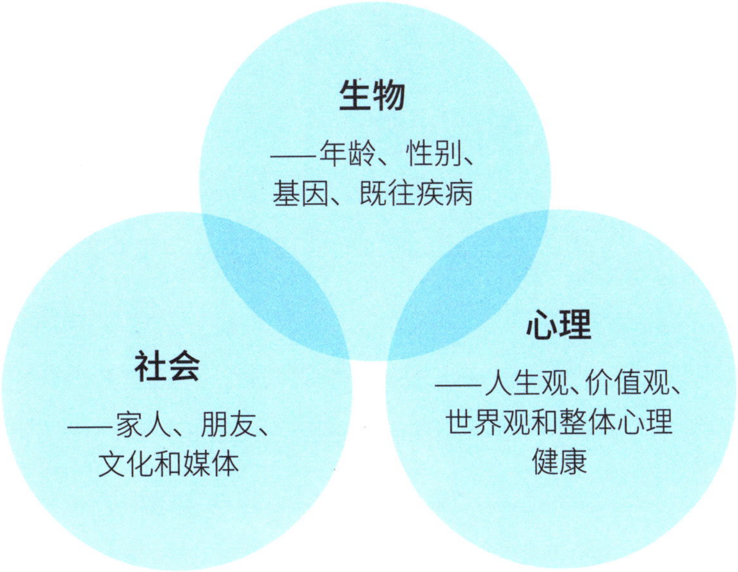

维恩图

社会：哪些人、事件和文化因素塑造了你？它们是如何塑造你的焦虑，以及你管理焦虑的能力的？它们现在又是如何继续塑造你的？

活动 02

焦虑的别名

你需要知道的

许多人刚开始体验焦虑情绪时，并没有意识到它的症状。这是因为我们并不总是有焦虑的经历，对它也不是很了解，所以了解那些与焦虑相关的其他感受可能会有所帮助。

练习：识别焦虑的其他表述

浏览下面这些词，圈出适用于自己的词语，如果有需要额外补充的词或短语，写在空行处。也许你还能学习到很多新的词汇呢！

害怕	急躁	易怒
激动	恐惧	孤立
警觉	抓狂	心神不宁
忧虑	烦躁	害怕失去
逃避	害怕	紧张
担心	僵住	不知所措
畏惧	犹豫	惊慌失措

石化	吓坏了	注意力不集中
焦躁不安	思绪纷乱	担心
害怕	陷入困境	________
心力交瘁	十分担忧	________
紧张	不安	________

识别焦虑的身体表现

你需要知道的

大多数情况下，我们的身体会先体验到焦虑，然后我们的脑中才会出现焦虑的想法。既然身体上的症状可能是焦虑来临的预警信号，因此充分了解自己的身体是有帮助的。

练习：身体信号

你对以下这些感觉熟悉吗？也可以把需要补充的写在空行处。

下巴疼痛

背痛

呼吸更急促，更憋闷

心里七上八下

胸痛

咬牙切齿

抽筋

呼吸困难

睡眠困难（入睡困难，睡不踏实，因焦虑而过早醒来）

头晕

口干

疲惫

感觉麻木或刺痛

感觉很热或很冷

脸颊绯红

经常患感冒或流感	声音发颤
起鸡皮疙瘩	手抖
头疼	胃痛
胃灼热、消化不良	出汗
心跳加速	汗津津的
头晕或晕眩	喉咙发紧或疼痛
肌肉紧张	________________
肌肉无力	________________
恶心或胃部不适	________________
脖子疼	________________
心脏怦怦跳	

有时，了解别人如何看待我们自己或我们的焦虑会有积极的作用。作为一名治疗师，我经常以人们自己发现不了的方式注意到他们的焦虑症状；同样，你的朋友、老师或家人可能会以你自己不知道的方式注意到你的焦虑症状。

这张表列出了焦虑的症状，看看哪些你觉得熟悉。希望它能帮助你更全面地了解这些症状，以及它们的外在表现是什么样子，了解这一点可以让身边支持你的人在你与焦虑作战时帮助到你。

症状	内心的感受	外在的表现
感到不安或焦躁	思绪奔涌 想法太多	精力充沛 语速很快

续表

症状	内心的感受	外在的表现
很难集中注意力	不能专心上学，甚至不能在和朋友玩、运动、看综艺、打电子游戏等有趣的事情上集中精力；大脑一片空白	成绩变差 不能按时完成工作 工作质量差 看起来健忘而且茫然
担心或害怕	感觉有些不对劲，或者有不好的事情将要发生	经常谈论恐惧 逃避很多事情 采取行动避免可能引发焦虑的事情
易怒	脾气暴躁，对每个人和每件事都很恼火	缺乏耐心，很容易沮丧，动不动就发火，一点就着
容易疲劳	即使睡得很好也会感到疲倦 做所有事情都要比过去耗费更多的能量	学习、社交、运动和其他活动的能力或精力不足回避各种活动 容易疲惫，轻易放弃
身体躁动	心脏怦怦跳 掌心出汗 神经过敏 心里忐忑，胃部不适 头痛	表现出疼痛、痛苦，需要去看大夫 经常去洗手间
睡眠困难	无法入睡 容易惊醒 醒不来（比平时频率更高） 过早醒来 担心自己睡不着	因睡眠困难看起来非常疲倦
食欲紊乱	撑得慌 因焦虑而进食困难 不再感觉饥饿	吃太多或太少 吃更多不健康的零食 体重增加或减轻

活动

04 焦虑的触发因素

你需要知道的

即使是最悠闲、“佛系”的人，在许多常见的情况下也会感到焦虑。你总会在生活中面临很多的挑战，哪怕现在还没有。悄悄逼近我们的那些焦虑，往往是最难处理的，所以预测引发焦虑的原因，你就已经成功了一半。越了解自己，就越清楚哪些技巧在这些情况下会起作用。

本书后面的章节将引导你了解可能引发焦虑的常见情景，包括一些我亲自治疗过的青少年的情况。你可能已经熟悉其中一些情况，也可能会在将来面临新的情况。

下面的列表呈现了常见的焦虑触发因素。了解自己现在或将来可能面临挑战的状况，会帮助你做好充足的准备去应对它们。

练习：常见的焦虑触发因素

在 0~10 分的量表上（10 分代表最焦虑），对每一个触发因素在多大程度上让你感到焦虑评分，然后思考解决这个问题对你的重要性。借助本书中的练习，你绝对可以降低由这些因素导致的焦虑，虽然不可能都让它们都变成 0，但至少能大幅减轻其中很大一部分的严重程度。

- 独自一人

焦虑水平：0 1 2 3 4 5 6 7 8 9 10

重要性程度：0 1 2 3 4 5 6 7 8 9 10

- 被拒绝

焦虑水平：0 1 2 3 4 5 6 7 8 9 10

重要性程度：0 1 2 3 4 5 6 7 8 9 10

- 被霸凌

焦虑水平：0 1 2 3 4 5 6 7 8 9 10

重要性程度：0 1 2 3 4 5 6 7 8 9 10

- 课堂发言

焦虑水平：0 1 2 3 4 5 6 7 8 9 10

重要性程度：0 1 2 3 4 5 6 7 8 9 10

- 约会、暧昧和恋爱

焦虑水平： 0 1 2 3 4 5 6 7 8 9 10

重要性程度： 0 1 2 3 4 5 6 7 8 9 10

- 与难相处的人打交道

焦虑水平： 0 1 2 3 4 5 6 7 8 9 10

重要性程度： 0 1 2 3 4 5 6 7 8 9 10

- 开车

焦虑水平： 0 1 2 3 4 5 6 7 8 9 10

重要性程度： 0 1 2 3 4 5 6 7 8 9 10

- 和家里人吵架

焦虑水平： 0 1 2 3 4 5 6 7 8 9 10

重要性程度： 0 1 2 3 4 5 6 7 8 9 10

- 在学校里找人一起玩

焦虑水平： 0 1 2 3 4 5 6 7 8 9 10

重要性程度： 0 1 2 3 4 5 6 7 8 9 10

- 朋友关系出现问题

焦虑水平： 0 1 2 3 4 5 6 7 8 9 10

重要性程度： 0 1 2 3 4 5 6 7 8 9 10

- 上学

焦虑水平： 0 1 2 3 4 5 6 7 8 9 10

重要性程度： 0 1 2 3 4 5 6 7 8 9 10

- 学习成绩

焦虑水平： 0 1 2 3 4 5 6 7 8 9 10

重要性程度： 0 1 2 3 4 5 6 7 8 9 10

- 多人社交活动

焦虑水平： 0 1 2 3 4 5 6 7 8 9 10

重要性程度： 0 1 2 3 4 5 6 7 8 9 10

- 完美主义

焦虑水平： 0 1 2 3 4 5 6 7 8 9 10

重要性程度： 0 1 2 3 4 5 6 7 8 9 10

- 念家

焦虑水平： 0 1 2 3 4 5 6 7 8 9 10

重要性程度： 0 1 2 3 4 5 6 7 8 9 10

- 身份问题（种族、性别等）

焦虑水平： 0 1 2 3 4 5 6 7 8 9 10

重要性程度： 0 1 2 3 4 5 6 7 8 9 10

- 失眠

焦虑水平：　0　1　2　3　4　5　6　7　8　9　10

重要性程度：0　1　2　3　4　5　6　7　8　9　10

- 求职或求学面试

焦虑水平：　0　1　2　3　4　5　6　7　8　9　10

重要性程度：0　1　2　3　4　5　6　7　8　9　10

- 手机丢失或损坏

焦虑水平：　0　1　2　3　4　5　6　7　8　9　10

重要性程度：0　1　2　3　4　5　6　7　8　9　10

- 失去自己爱的人

焦虑水平：　0　1　2　3　4　5　6　7　8　9　10

重要性程度：0　1　2　3　4　5　6　7　8　9　10

- 做出决策

焦虑水平：　0　1　2　3　4　5　6　7　8　9　10

重要性程度：0　1　2　3　4　5　6　7　8　9　10

- 自己的健康状况

焦虑水平：　0　1　2　3　4　5　6　7　8　9　10

重要性程度：0　1　2　3　4　5　6　7　8　9　10

- 一对一的社交

焦虑水平： 0 1 2 3 4 5 6 7 8 9 10

重要性程度： 0 1 2 3 4 5 6 7 8 9 10

- 惊恐发作

焦虑水平： 0 1 2 3 4 5 6 7 8 9 10

重要性程度： 0 1 2 3 4 5 6 7 8 9 10

- 参加聚会

焦虑水平： 0 1 2 3 4 5 6 7 8 9 10

重要性程度： 0 1 2 3 4 5 6 7 8 9 10

- 课上举手发言

焦虑水平： 0 1 2 3 4 5 6 7 8 9 10

重要性程度： 0 1 2 3 4 5 6 7 8 9 10

- 社交媒体

焦虑水平： 0 1 2 3 4 5 6 7 8 9 10

重要性程度： 0 1 2 3 4 5 6 7 8 9 10

- 运动 / 体育课

焦虑水平： 0 1 2 3 4 5 6 7 8 9 10

重要性程度： 0 1 2 3 4 5 6 7 8 9 10

- 怯场

焦虑水平：0 1 2 3 4 5 6 7 8 9 10

重要性程度：0 1 2 3 4 5 6 7 8 9 10

- 学习

焦虑水平：0 1 2 3 4 5 6 7 8 9 10

重要性程度：0 1 2 3 4 5 6 7 8 9 10

- 在周日晚上或周一早上

焦虑水平：0 1 2 3 4 5 6 7 8 9 10

重要性程度：0 1 2 3 4 5 6 7 8 9 10

- 电话聊天

焦虑水平：0 1 2 3 4 5 6 7 8 9 10

重要性程度：0 1 2 3 4 5 6 7 8 9 10

- 测验、考试

焦虑水平：0 1 2 3 4 5 6 7 8 9 10

重要性程度：0 1 2 3 4 5 6 7 8 9 10

- 高中毕业后何去何从

焦虑水平：0 1 2 3 4 5 6 7 8 9 10

重要性程度：0 1 2 3 4 5 6 7 8 9 10

- 写作障碍

焦虑水平： 0 1 2 3 4 5 6 7 8 9 10

重要性程度： 0 1 2 3 4 5 6 7 8 9 10

在下面补充以上没有列出、但你经历过的焦虑触发因素。

- 触发因素：________________

焦虑水平： 0 1 2 3 4 5 6 7 8 9 10

重要性程度： 0 1 2 3 4 5 6 7 8 9 10

- 触发因素：________________

焦虑水平： 0 1 2 3 4 5 6 7 8 9 10

重要性程度： 0 1 2 3 4 5 6 7 8 9 10

- 触发因素：________________

焦虑水平： 0 1 2 3 4 5 6 7 8 9 10

重要性程度： 0 1 2 3 4 5 6 7 8 9 10

练习：作为触发因素的恐惧症

恐惧症是焦虑的外部诱因。有些人很怕蛇，但除非你住在丛林里、在动物园工作，或者住在蛇经常出没的地方，否则这就不是问题。但有些人对细菌或社交场合有恐惧症，这就无法避免，除非你愿意付出巨大的代价。

列出自己存在的恐惧症，然后评定其焦虑水平和重要性程度。

- 恐惧症：____________________

焦虑水平： 0 1 2 3 4 5 6 7 8 9 10

重要性程度： 0 1 2 3 4 5 6 7 8 9 10

- 恐惧症：____________________

焦虑水平： 0 1 2 3 4 5 6 7 8 9 10

重要性程度： 0 1 2 3 4 5 6 7 8 9 10

- 恐惧症：____________________

焦虑水平： 0 1 2 3 4 5 6 7 8 9 10

重要性程度： 0 1 2 3 4 5 6 7 8 9 10

- 你注意到自己的焦虑和恐惧症之间的运行规律吗？把它写下来。

____

____

活动 05

追踪焦虑

你需要知道的

观察自己每天或每周的焦虑模式可以帮助你做出积极的应对，而不是在焦虑来临的那一刻惊慌失措。你不必把一天中的每一秒都记录下来，填一填下面这张表，试着找出其中的规律，这会对预测可能到来的风险有所帮助。

练习：焦虑记录

每天结束时，写下导致自己在不同时间段产生焦虑的情况，记录每种情况下的想法和身体的感觉，然后对自己的焦虑进行 1~10 分的评分，其中 10 分代表最焦虑。

日期				
	上午	下午	晚上	夜间
情况				
想法				

续表

身体感觉				
焦虑评分				

- 你是否经常在某些情况下或某些时候变得更焦虑？

- 以上这些引起你焦虑的情况与触发因素有相似之处吗？与你的焦虑症状表现相似吗？

在每个星期开始的时候，看看日历，想想在那些焦虑的时刻之前或期间，可以做些什么来帮助自己放松一点，然后将这些放松活动添加到日程或手机日历上。

活动

06 逃避的陷阱

你需要知道的

无论是大脑或身体经历焦虑，都让人很不舒服。这个时候，我们要做的自然就是尽快结束它或至少减轻这种感觉，并在第一时间避开那些会导致不适的情境。

这样做短期内奏效，但从长远来看却适得其反，如果我们逃避所有让自己不舒服的事情，那就永远无法享受到最充实的生活。如果一直逃避，就永远无法约那个男孩（或女孩）出去；如果从不参与课堂，可能会得到糟糕的成绩。此外，如果我们频繁地回避，那么将会发现需要逃避的东西越来越多，朋友和家人也会感到奇怪，想知道我们究竟怎么了。这一切将会导致自己更加羞耻、更想逃避，造成恶性循环。更糟糕的是，逃避还会使焦虑进一步恶化，心理学家称之为“条件反射”。意思是，逃避一开始是有效的，会在短期内缓解你的焦虑；但与此同时，你也错过了发现自己担心的事情原来没那么糟糕的机会。逃避成为一种习惯，那些你所逃避的东西会在脑海里变得越来越“大”。

练习：应对活动

应对焦虑的方法有健康、不健康之分，你自己可能也发现了。你是否意识到自己或是身边的人有以下的行为？圈出你正在做的，并想一想能否将那些不太健康的活动替换成健康的。

健康的	不健康的	中性的
手工艺	逃避人或事	吃东西
跳舞	暴饮暴食	玩手机、玩电脑
画画或写作	自伤自残	睡觉
社区服务	饮酒	看电视、看电影
健康饮食	摄入过多咖啡因	
运动锻炼	自我孤立	
听音乐	逃课	
欣赏艺术品	吸烟	
演奏音乐		
阅读		
与朋友、家人共度时光		
做研究		
淋浴或泡澡		
照顾宠物		

健康的转移注意力的活动能有效应对焦虑，但要注意，不要把它们变成用来逃避生活中其他责任的方式。

活动 07 保持身体健康

你需要知道的

是的，妈妈每天唠叨的话是对的！照顾好身体不仅对身体健康很重要，对心理健康也很重要。以下是一些有关保养身体的基础小技巧，它们可以帮助你抵御焦虑，或者至少控制它。

充分休息

你的身体需要充足的睡眠，这样你才有精力抵御焦虑。但很多年轻人往往会说："我倒是想。但是星期五要交一篇大论文，星期六晚上有个大型舞会，星期一还得交英语作文！"

没错，也许获得充足的睡眠并不容易，但你要知道，这的确会对你的身心产生很大的影响，因为当你疲劳的时候，大脑没有调节情绪和焦虑的能力。此外，与充足的睡眠同样重要的是高质量的睡眠。哪怕只是保证每天都在同一时间上床睡觉、醒来，也会对睡眠质量以及你第二天的表现有很大的影响。这也许意味着你不能在周末睡懒觉了，但相信我，先尝试几个星期，看看是不是有用。

青少年每晚的睡眠时间应该超过 9 个小时，但大多数人都不到 7 个小时。坏消息是，即使你喜欢在周末睡懒觉，也不能真正“弥补”失去的睡眠。事实上，过度睡眠也会扰乱自己的情绪和感受。

还要记住，咖啡因、尼古丁和牛磺酸（能量饮料中的物质）会严重干扰睡眠，甚至会引起焦虑。其他药物，比如治疗注意缺陷多动障碍（ADHD）的兴奋剂，甚至是感冒、哮喘和过敏药物，都可能会增加焦虑并干扰睡眠。因此如果你有睡眠问题，服用这些药物前一定要询问医生的意见。干扰睡眠的另一大“杀手”是各种各样的屏幕，如果想睡得更好，那一定要在入睡前 1 小时关掉手机，并把它放在卧室外面——不要半夜爬起来偷偷玩！

- 你上学时每晚睡多久？

____

____

- 周末的时候呢？

____

____

- 你认为前文提到的哪些简单的改变可以帮助自己获得更多的睡眠？

____

____

充分运动

也许你是一名高中的运动员，那么对你来说体育锻炼不是问题，同时也可以尝试做一些非竞争性的运动（舞蹈、瑜伽、武术）。而如果你不是运动员，那就想办法让自己动起来，哪怕走路去学校也算。

如果你觉得动力不足，那么就根据自己的喜好制作一个运动歌单，或者在锻炼的时候听听小说或脱口秀。运动的时候情绪会变好，运动也能帮助你更有效地集中注意力、更具创造性地思考；它会激扬情绪，从整体上减轻焦虑。事实上，在考试的场间休息或在紧张的演讲之前，爬爬楼梯都可以减轻焦虑，让自己表现得更好。不信吗？去试一试。运动还有一个好处，就是有助于睡眠。

- 你可以抽出哪几天的哪些时间进行锻炼？标记在日历上。

- 如果还没开始的话，你打算采取什么形式锻炼？例如，步行上学、爬楼梯、慢跑、遛狗或是上瑜伽课。

- 你最喜欢的独自做的运动有哪些？和朋友一起的呢？

- 运动前后你的焦虑和压力水平有什么变化？

健康饮食

即使你不喜欢吃早餐，或者因为焦虑让你感觉胃不舒服、吃不下东西，早餐也是必不可少的。可以先尝试一些容易消化的东西，比如什锦果仁、香蕉、酸奶或干吐司，看看这些能不能激起你的食欲。减少糖的摄入，必要时可以少食多餐，但请记住，你的身心需要足够的能量来保持运作、避免焦虑。

- 你三餐正常吗？吃得健康吗？

- 胃不舒服时你可以吃哪些食物？

- 你最喜欢的健康食物有哪些？

放松

最后，也是最重要的，放松。当你能够放松自己的思维和身体时，就不太可能焦虑了。我们都有不同的放松方式，这里有几个建议：泡澡或淋浴，做伸展练习，散步，做点手工艺品，或尝试本章前面列出的那些健康的转移注意力的方法。

- 你想采用什么方式放松？

- 你可以将哪些放松活动纳入自己的日程中？

活动

08 寻找平衡

你需要知道的

如何平衡生活是一个巨大的挑战。当我们感到压力时，身边的一切都会变得更糟，也包括自己的焦虑情绪。有这样一种说法，青少年一般需要三样东西——睡眠、社交和学习，但他们却只有完成其中两样的时间，你也是如此吗？

如果你专注于学习和睡眠，就没有时间参加社交活动；如果把精力放在学习和社交上，就肯定睡得少；如果同时保证社交和休息，那你很可能会不及格！

- 那么，还有运动、家庭、实习、兼职，以及你自己要做的其他数不完的事情呢？写下来。

- 在睡觉、社交和学习中，你重视哪个，又忽略了哪个？

- 你认为原因是什么？

- 在每天密密麻麻的日程中，你还能做些什么呢？

活动 09 不要把自己的每个想法都当真

你需要知道的

假设你和一位好朋友约好 7：15 在电影院见面。现在是 7：30，你已经在门口等了一段时间，但朋友却还没有到，也没有发短信或打电话告知。很多人会想：他可能出来晚了，一会就到了。但对于焦虑的人来说，有些会认为出现了糟糕的情况：发生了可怕的事故，我的朋友可能会受伤；还有一些觉得这是在针对自己：他可能把这事忘了，看来我没多重要，甚至认为他放我鸽子和别人一起出去玩，可能是不想再和我做朋友了；还有人可能会把错揽到自己身上：一定是我把时间弄错了，我真蠢！

焦虑可以让我们的大脑变得相当有“创造性”，不是吗？下次发现自己处于这样的情况时，看看是不是能有意识地编造一些更疯狂的故事，而不是被焦虑夺走了掌控权，让它来给你各种各样的解释。

练习：讲讲自己的故事

- 想象一下，父母说他们要离开一周，你将独自生活。父母可能会怎样？自己独处的时候会发生什么？列出你能想到的所有不好的甚至是最糟的情况。

看看上面列出的情况，圈出自己能控制的，在控制不了的下面画线。当你明确知道自己无法控制或改变某些情况，还能做什么呢？也许你听过这些话：

请赐予我宁静，去接受我不能改变的事；
请赐予我勇气，去改变我能改变的事；
请赐予我智慧，去分辨这两者的区别。

- 写下自己的担忧，看看哪些能干预，哪些自己没有能力改变，这很有帮助。这个方法就像一个数学公式，适用于任何的困难情况，可以帮助你确定一个清晰的行动计划。

- 写下让你焦虑的情况。

____

____

- 你能做些什么来改善这种状况？

____

____

- 在这种情况下，什么是你没能力改变的？

____

____

- 怎样才能让自己不那么担心呢？

____

____

练习：让想法就仅仅是想法吧

那么，如果能提醒自己，所有这些故事都只是想法，而不一定是现实呢？当然，说起来容易做起来难，但你可以在每一个焦虑的想法前加上“我有这样的想法”。

在这里写下三个焦虑的想法，然后重写，前面加上“我有这样的想法”。

10 整理情绪

你需要知道的

有时强烈的情绪会相互混淆，让我们分辨不清。下一章所介绍的正念可以帮助我们更清楚地识别自己的真实情绪，并寻求更健康的方式去应对。

焦虑与愤怒

蒂姆还小的时候，父母有时会吵到深夜，而他在床上躺着，对接下来可能发生的事情忧心忡忡：他们会离婚吗？他们是在生我的气吗？长大以后，他试图介入父母的争吵，结果被夹在中间两头受气，最后家里每个人都过得不好，每个人都在生气。

蒂姆的焦虑慢慢变成了愤怒，并开始影响他的学习，就连朋友们也对他小心翼翼。在篮球比赛中，蒂姆的攻击性导致他经常犯规，对整个球队造成了不好的影响。教练教给蒂姆一些基本的呼吸练习，帮助他在比赛中保持冷静。很快，蒂姆就清楚地意识到，在愤怒和攻击性的表象之下，暗藏的就是焦虑。他开始想办法解决这种焦虑，不仅自己焦虑和愤怒的情绪得到了缓解，在球队中的表现也有所改善。

- 你发现了吗，自己感到焦虑时，会产生一些其他的情绪，比如愤怒？在下面列出这些情绪。

____

____

____

焦虑与悲伤

在艾米丽还很小的时候，弟弟就患上了白血病，艾米丽总是担心会有不好的事情发生在弟弟身上，她的父母也是，但他们都不知道该怎么去谈论这件事。久而久之，艾米丽养成了对问题避而不谈的习惯。所以当她感到焦虑时，就会把它藏在心里，独自消化悲伤和孤独。随着时间的推移，焦虑变成了悲伤和麻木，每当她觉得不堪重负时，她不再焦虑，而是变得抑郁。艾米丽告诉父母想要寻求治疗师的帮助，在治疗师的引导下，她发现了这种规律：每当她感到有压力或焦虑时，抑郁情绪就会浮出水面。当她学会控制自己的焦虑时，也同时缓解了自己的抑郁情绪。在治疗师的帮助下，凭借自己的努力，她成功打破了焦虑和抑郁之间的循环。很快她的焦虑和抑郁都开始好转，生活也变得更充实、更快乐。

- 有时候，你是否感受到抑郁或悲伤之下，底层的情绪其实是焦虑?

____

____

____

行为冲动[1]与焦虑

蒂娜有许多应对焦虑的方法，比如把自己抓到流血、抽电子烟以及做一些会让父母和朋友们担心的事情。她从未意识到这些不健康的行为本质上是掩盖自己焦虑的一种方式，其他人也没有意识到。

在一个正念小组中，她学会了关注自己的感受，也了解到自己那些不健康的行为模式和冲动是由什么触发的。她意识到潜伏在所有这些冲动和行为之下的其实是焦虑。

她是在体验到焦虑情绪后，才开始抓伤自己或是吸电子烟。通过正念练习和其他技巧，她得以观察自己的想法和冲动，感受焦虑出现又消失的过程，并学会克服所有那些试图以自我毁灭行为[2]来消除焦虑的冲动。

- 你是否曾因为焦虑而表现出自我毁灭的倾向？或者知道谁有过这样的经历？请你回忆一下。

---

① 行为冲动：用行动来表现（或发泄）受挫的心理、压抑的情绪等。

② 自我毁灭行为：从身体、精神或情感上摧毁自己，或通过破坏个人目标和价值观，故意阻碍自己的成功，降低自己的福祉。

对有些人来说，焦虑也可能表现为其他不同的情绪或各种情绪的混合。

- 你有没有在某个时候识别出自己焦虑的伪装？

- 你是怎样识破这种伪装的？

活动

11 发挥你的优势

你需要知道的

除了焦虑，你还有很多需要关注的。积极心理学认为，认识并理解自己的优势和了解自己的短板同样重要，前者甚至更重要。我们的优势可以帮助自己渡过困境，它不仅包括我们的优点，也包括来自外部的支持。

练习：关于自己的一切

想象一下，你正在接受一个记者的采访，他打算给你的粉丝写一篇有关你的深度访谈。写下你听到下列问题后的第一反应。

- 你最棒的天赋是什么？

- 你最大的优点是什么？

- 你的朋友欣赏、喜欢你的哪一点？

- 你一生中经历过的最艰难的事情是什么，你是如何渡过的？

- 你会给焦虑、紧张或正面临困难的朋友提供什么建议？

- 在克服困难的时候，你最喜欢把谁作为榜样，为什么？

- 哪些重要的人和事使你成为今天更好的自己？

- 有没有帮助你度过困难时期的励志名言、诗歌或歌曲，你最喜欢哪个？它传递了什么信息？

- 在你最需要的时候，哪些人会陪伴在你的身边？（包括朋友、长辈、老师、专业治疗师、同事、同学、队友、教练和兄弟姐妹等。）

活动 12 思维扭曲

你需要知道的

我们焦虑的时间越长、程度越深，我们的思维方式就越有可能扭曲，无法准确地反映现实的情况。以下是焦虑患者几种最常见的错误思维方式。

非黑即白

非黑即白思维是一种全有或全无的思考方式——坚信事情是绝对坏或绝对好的，不考虑事物的复杂性。

贝卡是个害羞的姑娘，有一次她被邀请和一大群朋友一起参加舞会，即使她并不那么感兴趣，但她还是同意了。舞会前和朋友们共进晚餐很有意思，坐豪华轿车去舞会的路上大家也谈笑风生。但一到舞会现场，她看到那么多陌生人，就开始感到焦虑。她完全被紧张和尴尬控制了，看不到舞会上也发生了许多有意思的事。所以舞会对她来说变成了一场灾难，她强撑着待了一段时间，最后落荒而逃。

● 很多事情不是非黑即白，而是一道精致的灰。你是否曾因非黑即白的思维而受挫？说说发生了什么。

安自菲薄[1]

这种思维方式主要表现在只专注于消极因素而忽略闪光点。

安东尼在一次足球比赛中踢进了致胜一球，之后校队的教练就把他从替补队员换成首发。可过了没多久，安东尼就开始心慌意乱，觉得自己像个骗子：他认为能踢进那个球只是因为对方的门将犯了错。事实上，比赛之前，他已经努力训练了几个星期，也成为队里奔跑速度最快的球员之一，但他并没有看到自己所做出的不懈努力，反而把这仅仅归功于运气。成为首发球员让他感到非常焦虑，以至于影响了他在后续比赛中的表现，最终又坐回了替补席。

● 你是否曾经只看到事情消极的一面，而忽视其中积极的因素？说一说当时的情况。

① 妄自菲薄：忽略、否认自己身上的积极因素，永远不认为自己能够做好。

杞人忧天

这种思维方式意味着把一切都往最坏处想，或者是小题大做。

杰西卡已经胃痛三天了，她越来越担心，甚至被吓得睡不着觉，她觉得自己一定是对什么过敏了，还是得了胃癌？她上网查了很多相关的信息，越看越心惊，也越来越悲观。最后去看医生时，她已经确信自己马上就要死了。但其实她只是患了肠易激综合征，这是焦虑症患者常见的健康问题。当她针对性地开始治疗焦虑，胃痛也随之消退了。

- 你有过杞人忧天的情况吗？说一说。

情绪化推理

我们在情绪上头时，很难清晰理性地思考。事实上，焦虑阻断了我们大脑中逻辑思考的链条。你认为那是真的，或者它看起来像真的，所以我们相信它肯定是真实存在的。

阿什利每次考试后都觉得自己精疲力尽，很大程度上是因为她太紧张了。她几乎每次考试后状态都很差，她认为这肯定意味着自己考砸了。但恰恰相反，她的成绩通常都很好。和父母聊过这件事后，她开始意识到，考试后那些糟糕的感觉并不意味着自己没考好。

- 你是否有过非常情绪化的经历，也就是被情绪控制而不是理性地思考？说一说。

完美主义

许多焦虑的人都会受完美主义的折磨：如果一件事情无法做得完美，那就压根不值得去做。

泰勒觉得自己理应是学校里的明星，是最好的、最受大家欢迎的运动员，也是最有才华的女孩，否则她的人生就没有任何价值。对自己过高的期待让她一直都在对自己失望，对一切都感到焦虑不安。我和她一起设定了更现实、更关注自我和内心的目标，告诉她不要一直拿自己和别人作比较。那些看起来十分完美的人大概率只是他们刻意展现出来的形象，她发现时刻提醒自己这一点可以起到很好的作用。

- 你曾经是个完美主义者吗？聊一聊。

练习：警惕下面这些词

下面这些词都与错误的思维方式有关。在接下来的几天里，注意观察自己说这些危险词的频率，无论是心里想到或是大声说出来，都算。

所有	每个人	从不	应该
总是	不得不	没有人	
每个	必须	没有任何一个	

- 你什么时候会说这些词？

- 你说这些词的时候是什么感觉？

- 事实真的是这些词描述的那样吗？

活动

13 故意担心

你需要知道的

思维有时候并不受我们控制。不信来试试这个：接下来的一分钟里，不要去想一头粉红色的大象。开始！

能做到吗？可能不行。事实上，我们越是努力不去思考某事，最后就越是会想它。这是因为焦虑时，大脑中负责理性思考的部分几乎完全关闭，这种情况下我们很难保持理智。所以这时候你需要避开理性的思考，去尝试一些完全不同的东西。正如阿尔伯特·爱因斯坦所说："你无法在制造问题的同一思维层次上解决这个问题。"多么睿智！

好消息是：故意担心某件事情可以让我们以后不再担心。

- 想想你现在最担心的事是什么？

____

____

- 现在开始给自己两分钟的时间，除了担心什么都不做。发生了什么？

在故意担心几分钟后，很多人发现自己的大脑实际上会开始厌倦，转而去想其他的事情。你也是如此，每天有意地去做一次或两次这样的练习，每次花上 5 到 10 分钟的时间，你会发现这对你有所帮助。在手机日历上设置提醒，尝试一下吧。想想看，主动去找到你的焦虑，并看着它来，看着它溜走，总比它突如其来吓你一跳好得多。

另一种摆脱焦虑的方法是把它写下来。研究表明，写下这些焦虑的想法，然后把它们撕碎、扔掉，是有实际帮助的。

本章小结

在本章中，希望你能更多地了解焦虑是什么，它从何而来，以及是什么导致了焦虑——加剧焦虑的情境和触发因素。焦虑和其他不愉快一样：我们想要摆脱它们，避免它们，或者至少找到方法来减轻它们的强度。不幸的是，这些方法有时并不起作用，甚至会让事情变得更糟。希望你了解到焦虑是很常见，但也很容易控制的一种情绪。你可以尝试一些识别焦虑的方法，尤其当它伪装成其他情绪或体验时，同时，继续练习那些健康的应对方法。现在你已经对自己的焦虑有了更深入的理解，就不用那么害怕它了。

现在，让我们花一些时间来回顾本章中的练习和技巧。

- 你最感兴趣的练习是什么？

- 你在日常生活中最可能用到的技巧是什么？

- 下周你打算尝试哪些练习？或者你打算什么时候开始尝试？

CHAPTER

2

正念：专注于当下

你无法阻止波涛汹涌，但你可以学会乘风破浪。

——乔·卡巴金

正念听起来像个玄学，好像特别复杂、奇怪，或者是一个成年人专属的概念。但其实它出奇的简单，正念的核心就是集中注意力。大多数人在生活中都有这样的经验：你在干吗？专心点！是的，通常说的人语气都不太和善，尤其是从老师的嘴巴里说出来时，往往会让我们惊出一身冷汗。问题是，没有人教过我们该如何集中注意力，我们甚至连该集中在什么东西上都不知道。正念可以告诉我们答案。

本书将告诉你如何通过集中注意力来缓解焦虑。正念就是把注意力集中在此时此地正在发生的事情上，注意你的大脑在什么时候、往哪里走神，然后把它带回到当下。这听起来很难，因为大脑天然有走神的倾向，研究表明，大脑有大约一半的时间在走神。但正念是一种可以通过练习来培养的技能。

那么这和焦虑有什么关系呢？其实只要我们不专注于当下，焦虑就可能悄然而至。网上流传着这样一句话："焦虑在未来，抑郁在过去，平静只能在当下找到。"当我们过于关注未来，关注那些自己无法控制的场景时，焦虑就会出现。比如你即将迎来一场大考，如果你很焦虑，就很可能会开始想象自己考试不及格，然后一发不可收，考不上大学、失业、无家可归、孤独终老……一个多么凄惨的未来图景。你在发挥你的"创意"，编造一个细节满满的故事，想象自己悲惨的结局，就是不把精力花在明天的考试上！

正念的本质就是活在当下，远离那些不着边际的想象，投入全身心的力量专注于眼前。

活动 14 专心的力量

你需要知道的

正念就是一心一意地做一件事情——只做自己正在做的，专心感知自己正在做的，而不去做其他任何事情。这听起来可能有点陌生，因为我们已经习惯了现实生活中多任务多线程的工作方式。但正念会帮你放松并集中注意力，让你感觉良好。

多线处理任务也会让人有成就感，好像在同时完成很多工作。但研究表明，相比于一次只处理一件事，同时处理多项任务的效率并不高。更糟糕的是，一心多用让我们的生活似乎变得更加混乱，也增加了我们的焦虑。所以，不要那么快否定一心一意的想法，我们用不到一分钟的时间，来试试下面这个练习。

正念练习：一心一意

- 闭上眼睛，把一根手指轻轻放在额头上。
- 深呼吸，专注地体验这是一种什么感觉。

- 感受你的手指放在额头上的感觉，感受你的额头上贴着手指的感觉。去感知触觉、温度、湿度，甚至是脉搏或其他。
- 再做三次深呼吸，让你的感受自然流淌，不要干预。

● 你现在感觉如何？思绪有没有更稳定、更专注？

____

____

● 你觉得这个练习有用吗？如果有用，你会在什么情况下用到？

____

____

在做本书中的任何一个练习时，你会发现自己很快就开始走神了。这并不意味着你做错了什么，你的大脑只是在做它该做的事，创造想法，然后思考它们。正念的诀窍在于洞悉自己正在思考。我的老师曾经说过："头脑产生思想，就像心脏输送血液、口腔分泌唾液一样。"这就是说，我们不能也不应该试图停止思考；相反，我们要做的仅仅是察觉和感知它们的存在。

下面这个例子说明了有时候真正的专注很有用，而不专注则会导致焦虑和紧张。

阿米莉亚和喜欢的男孩约会了。看完电影后，她和泰勒一起散步了很久，然后去吃冰淇淋，一切都那么美好，他们完全不想分开。阿米莉亚吃第一口的时候，就爱上了这款冰淇淋，舌头上的味蕾迫不及待地想要更多。但是她又感觉到自己的胃好像在抗议：“别再吃了，我已经有点饱了！”这个时候，妈妈跳出来说：“放松，阿米莉亚，尽情享受吧！”另一边，一位朋友的声音也在耳边响起：“约会时不要吃太多，要不然他会觉得你像头猪。”她开始恐慌，不知道该听从哪种声音，她开始心跳加速，胸口发紧，不知道该说什么或做什么，整个人僵在那里。她咕哝着对泰勒说自己不舒服，然后一个人走回了家，像一个失败的逃兵。第二天情况更糟了，她开始担心泰勒会怎么和学校里的同学说自己。

我们把时间拨回那个晚上，如果阿米莉亚当时足够专注会怎么样呢？如果她能客观地对待那些声音，就能够选择去倾听最为明智的一种。她可以放慢脚步，集中注意力，在焦虑把理智赶跑之前，冷静地决定到底要怎么做。这样，她就能更好地享受这场约会，然后带着愉快的心情回家了。

- 你有没有过这样的经历，因脑子里充斥着很多想法而不知所措，无法做到一心一意？说一说当时的情况。

- 在那种情况下，正念可以怎样帮助到你？

正念也许是一种很老套的做法，但它确实能在快节奏的现代生活中帮助我们。正念对减轻焦虑非常有效，经常练习还有助于改善情绪，近年来受到科学家们的广泛关注。目前研究表明，就像在健身房锻炼身体一样，通过锻炼某些部位，肌肉会变得更大更强壮，正念对于大脑的作用也是如此，这意味着你可以改变自己的大脑、想法和观点，提高注意力、创造力，以及最重要的一点，保持冷静。

3 个“R”

我的朋友布莱恩认为，正念需要做到 3 个“R”：定锚（Rest）、识别（Recognize）和返回（Return）。完成这个过程需要 3 到 5 分钟，你可以用计时器来倒计时。

步骤 1：定锚

首先，找个地方来安放自己的思维（注意：是安放，而不是强迫）。请把注意力锚定在一个能让自己保持在当下的事情上——可以是周围的声音、呼吸的感觉，或是脑海中的某个画面或词语。

步骤 2：识别

在静下心来之后，安静地等待开始走神的那一刻。还记得吗，大脑有一半的时间都在走神，所以你不会等很久。现在，识别自己的思维跑去了什么时间、什么地点，是为下周末的聚会而焦虑，还是后悔上节课的课堂发言没有做好？每当你意识到自己走神，就可以选择不去相信脑子里的每一个想法；而每次分辨出你的思维去了哪里，并准确地描述它，就能让大脑中过分活跃的情感部分冷静下来，打开理性思考的开关。

步骤 3：返回

现在回到你锚定的事物上——呼吸、周围的声音或其他。这听起来很容易，但对于焦虑的人来说，最困难的部分就是温柔地返回。我的意思是，我不希望你“回来”然后感觉自己很愚蠢或是不擅长这个练习，而是希望你轻轻地把思绪带回来，就像引导婴儿或宠物回到安全的地方一样。同时，这也是一个好机会，让你练习自我关怀而非苛责自己。

步骤 4：重复

我想可能还有第四个“R”——重复（Repeat），重新计时，再花几分钟重复上述步骤。要记住，在忙碌的一天中，不管什么时候你觉得自己陷入焦虑，都可以这样做。通过不断的练习，大脑会锻炼出专门负责这项活动的“肌肉”。

- 给这个训练的难度打分，1~10 分你会打几分？

____

____

- 有没有反复出现的想法，或者一直往同样的方向走神？

____

____

- 温柔地返回对你来说困难吗？

- 你认为什么情况下使用 3 个“R”会有所帮助？

活动 15 正念和身心察觉

你需要知道的 了解正念时你身体的状态，可以帮助你判断是否真正进入了正念；通过这种察觉，能够帮助你从紧张走向正念。

正念练习：身体和思维

- 首先，坐直，绷紧背部肌肉，活动一下肩膀。握紧拳头，将双手放在身前。察觉这种状态下身体的感觉。以这种姿势呼吸感觉如何？产生了什么情绪？产生了什么样的想法？最近有过类似的身体感受吗？
- 接下来，整个身体松垮下来，放松你的背、你全身的肌肉，把头也垂下来。察觉这种新的状态下身体的感觉。以这种姿势呼吸感觉如何？产生了什么情绪？产生了什么样的想法？最近有过类似的身体感觉吗？
- 现在坐直。伸出双手，但不要握紧，可以放在膝盖上，手掌张开向上。抬头挺胸，但不要绷紧。察觉这种状态下身体感觉的变化。以这种姿势呼吸感觉如何？产生了什么情绪？产生了什么样的想法？

最近有过类似的身体感觉吗？

• 最后，还是坐直，双手叠放在一起靠在心脏上。察觉这种状态下身体的感觉。以这种姿势呼吸感觉如何？产生了什么情绪？产生了什么样的想法？最近有过类似的身体感觉吗？

这个练习展示了不同姿势下我们思维的不同状态。像第一种姿势，握紧拳头时，大多数人会感到紧张、压力、愤怒，随时准备开战，或者产生焦虑。这时我们往往会把新的观念和想法拒之门外。这种随时准备战斗或者逃跑的生理状态，大多由我们抗拒身边正在发生的事情引发，最终导致焦虑、紧张。你可以时不时检查自己身体的情况，同时注意自己在身体或情感上是否存在这种紧张感，一旦发现，尝试通过收紧然后放松相关部位的肌肉来释放紧张。

第二种姿势虽然放松，但可能有点过于放松和消极，许多人在这种姿势下会感到困倦、不知所措或总是想着放弃。一旦有这样的感觉，就需要我们有意识地想办法让自己振作起来、恢复活力。有的人会问了：如果放松那么重要，为什么压力大的时候我不能就瘫在沙发上看电视呢？答案是，你如果一直处于这种过度放松的被动状态，最终很容易感到无助、自暴自弃。真正对我们有益的，是保持开放的警觉状态，就像第三种姿势那样。

第三种姿势代表正念、开放和主动接受，而不是被动接受或主动抗拒，这时我们尽可能保持清醒和警觉而不引起紧张，尽可能放松又不过度，身心处于适当的平衡状态。在大多数生活场景中，为了保持开放的心态，并有能力应对可能遇到的各种情况，我们可以寻求这样一种思维和身体状态。

通常，当我们开始感到焦虑或处于即将触发焦虑的情境时，把姿势调整为第三种，哪怕只是一小会儿，也会对自己的感受产生巨大的影响。我们的思想和身体是分不开的，它们协同工作，无论是制造焦虑，还是让你产生平静和安全的感觉。

最后一种姿势，把手放在胸口，会产生同情或自我关怀的感觉，就像从我们爱的人那里得到了一个温柔的拥抱，它会阻止要么战斗要么逃跑的反应，帮助自己获得安全感。只要单手或双手放在心脏上，慢慢地感受自己的呼吸，就可以迅速缓解焦虑。

现在，回顾刚刚过去的一到两周。

- 你是否曾试图与自己无法控制的事情作斗争？说说发生了什么。

- 当你面对挑战时，是否有过逃避或逃跑的行为？说一说。

- 有没有什么情况让你“石化”，整个人都僵住不能动弹？说一说。

- 你在做某件事时，有没有巨大的压力让你觉得“算了吧”，然后就放弃了？

- 正念和自我关怀可以帮助你改善哪些情况？如果你更多地使用这个方法，情况又会发生什么样的变化？

活动 16

了解自己焦虑的情况

你需要知道的

你有没有过这样的经历，因为马上要比赛了非常紧张忘记带装备，或是担心考不好而走错教室？回想一下动画片里的那些经典镜头，有很多家伙都会因为焦虑走着走着把墙撞出个大窟窿。当我们被焦虑笼罩时，往往注意不到眼前的东西。但是，如果我们把视线拉回当下，意识到自己活在现在，就只需要处理当下的问题，而不需要顾及有关过去或未来的情绪和想法。试试这个简单的实验，只需要花上你两分钟的时间。找一个没有干扰的地方坐下来，两分钟内什么也不做：不发短信，不听音乐，不看手机。在手机上设置倒计时。用这两分钟的时间，察觉自己的思维、身体和周围环境中发生了什么。

正念练习：身体和思维

- 在这两分钟里你产生了什么想法？现在呢？

- 你体验到了什么样的情绪和感受？现在呢？

- 你的身体有什么变化吗？现在呢？

- 有没有让你分心的事情发生？你当时如何反应？

正念练习中很重要的一点就是，不要因为自己产生各种各样的想法而自我批评，你不需要喜欢自己的想法，但一定要试着摆脱为此感到羞耻的念头。我更喜欢把大脑看作一只活泼的小狗——充满好奇心和恶作剧，所以也意味着它有时会陷入麻烦之中。你该怎么训练这只小狗？不是让它因为带来麻烦而感到羞愧，相反，你要有耐心，微笑着轻轻抱起它，一次又一次地把它带回来，带回一个可以玩耍又不会惹麻烦的地方，也许还可以给它一个有趣的玩具来让它专心一些。

我们通过正念来了解自己的焦虑，也就是察觉和关注自己的思维和身体正在发生什么。当我们发现焦虑所诱发的身体和情绪迹象时，就可以用正念来使自己平静下来。

再来一次，静坐一两分钟，深呼吸几下。记住，不需要喜欢自己察觉到的一切，只是注意到就好。现在把你的思绪带到学校这个话题上，在那里停留一会儿，然后回答下面的问题。

- 你察觉到了什么情绪？

- 产生了什么样的想法？

- 你注意到身体有什么感觉或变化吗？

现在请把思绪引到你的朋友或约会上，在那里停留一会儿。

- 你察觉到了什么情绪？

- 产生了什么样的想法？

- 你注意到身体有什么感觉或变化吗？

现在请把思绪带到家庭里，想想你的父母、兄弟姐妹和其他亲属，并在那里停留一会儿。

- 你察觉到了什么情绪？

- 产生了什么样的想法？

- 你注意到身体有什么感觉或变化吗？

- 你想到什么时会真正引发焦虑？把它留在脑子里，和它们待一会儿，然后写下此时产生的情绪、想法和身体感觉。

- 在接下来的几天里，注意观察自己倾向于往哪些方向走神。

- 是否有特定的时间、地点、情况或人会引发某种身体和情绪反应？把回答写在下面。

活动

17 此时此刻

你需要知道的

你可能也听过，一些智者强调过重要的是活在当下，感受此时此地。我很早就听过这个建议，但从未真正理解它的含义。后来有一天我忽然想到，如果活在当下，那我就不会担心未来我或我爱的人身上会发生什么；如果身处此时此地，我的思绪就不会神游，忧心别人会怎么看我；如果聚焦现在，我就不会因为过往而感到难过。事实上，只要回到当下，就会发现一切都是最好的安排。突然间，活在当下的想法变得更有意义了。

当然，活在当下也是说起来容易做起来难。有时我们必须为未来制定计划，反思过去从中吸取教训也是很重要的。但如果过分专注于未来或过去，问题就来了，前者往往会使我们焦虑，后者则会使我们沮丧。老话说：“制定计划，但不要计划结果。”这是个好建议，帮助我们找到对未来关注程度的平衡点。还有一个事实是，我们当下的状况其实一般都还不错。大多数情况下，坏事都在我们想象中的未来或无法释怀的过去。如果当下正在发生不好的事情，一般不会持续那么长时间。

- 对未来做规划曾对你有帮助吗？

- 有没有对未来想得太多的时候？

- 你从过去的经历中吸取过什么经验教训？

- 你是否有过这样的经历，被困在过去很难往前走，或者试图去改变已经发生的事？

- 回忆一下，什么时候你能完全沉浸于当下？

- 当你沉浸于当下时你的感觉如何？

活动 18 观察自己的想法

你需要知道的

在练习活在当下的过程中，即使感到不舒服或不安，你也可以感受到你生命的流淌，你的呼吸。通过正念，我们能够察觉当下正在发生的事情，有时是外界的情况，有时是内心发生的改变。大多数情况下，我们的思维和注意力都集中在当下，而不会经常走神，想到过去或未来。

现在开始练习，想象一下这样的场景，去观察脑海中的一个个想法，不要纠结于它们从哪里来，到哪里去，只需要观察它们的到来，然后让它们离开就好了。

正念练习：思想游走（改编自史蒂文·海斯）

- 找一个舒服的姿势，准备有意识地观察自己的想法。
- 想象一列游行队伍正在经过大街，你作为观众在一旁观赏。
- 现在试着想象把自己的每个想法贴在经过的花车上，或是写在游行者举着的标语、横幅上。花几分钟时间，让那些想法从眼前一一掠过。

- 请记住，不要进入游行中，被某个想法带着走；就站在一旁，享受这场表演。请记住，就算是你脑子里最伟大的想法也会从你眼前溜走，或是被某人带走。

● 练习的过程中有什么特别的发现？

____

____

● 练习后感觉如何？

____

____

除了“游走”之外，我们还有很多方式观察自己的想法是如何在脑海中来去的。尝试一下，看看哪一个最适合你。

- 在一条美丽的河流上，船只或其他物体漂浮而过，而你则站在岸边观看，小心不要被流水卷走。
- 汽车在马路上飞驰而过，而你站在立交桥上，看着它们来来往往。大的想法附着在大巴或卡车上，小的想法附着在小汽车或摩托车上。
- 流水线上的传送带在运转，你的工作就是检查每一个经过你面前的想法，保留好的想法，淘汰错误的想法。
- 想法在泡沫中浮现。
- 想法如浮云般飘过。

- 想象你在唱歌，让想法像音符一样流淌。
- 想象在火车上看着窗外的风景从眼前掠过。
- 把想法想象成湖里正在游来游去的小鱼，湖面光滑如镜，能清晰地看到这些小鱼。

画面和声音就像工厂里的原材料，帮助我们生产想法。

如果有其他适合用来观察自己想法的画面，把它写在下面，或是找另外一张纸画出来。

活动 19

理清思绪

你需要知道的

当我们忙忙碌碌，压力非常大时，很难分辨出哪些是重要的想法和信号，哪些又是“假警报”。我们要做的事情越多，就越难区别哪些想法是焦虑，哪些是真正重要的，最终手忙脚乱，不知所措。

你可以把大脑想象成一个水晶球，想法、情绪和感受就像水晶球不断变化的光芒。不管你做什么事，水晶球都会产生震动，哪怕是与朋友的一次争吵，也会让它的光芒发生变化，那些令人兴奋的事情更是如此，比如打赢一场比赛或者被人约出去玩。随着水晶球变得越来越五光十色，我们就会越难看清眼前的场景。

怎样才能让水晶球的光芒——或者说脑海中的想法和情绪——平静下来，从而让自己看得更清楚？你需要静下来，这就是正念所能帮助你的。重要的一点是，当光芒平静下来，它并不会消失，只是不再扭曲你脑中的画面，让你看得更清晰。

正念练习：水晶球

- 找一个水晶球，或者一个闪闪发光的瓶子，里面装上水和沙子，然后摇晃它。观察不同角度下它们折射出的光芒，是不是像自己的思绪一样在浮动，留心这些光芒是怎么平静下来的。试着再次用力或轻轻摇晃，重复之前的观察，看看光芒是否发生变化。可以的话，把视线聚焦在一个光点上，追踪它的轨迹，一直到它消失。
- 现在闭上眼睛，把注意力集中在自己的思维上。试着想象你脑中所有的想法都随着每一次呼吸而安定下来。这些想法永远不会消失，但可以被挪到一边，让自己的头脑更加清晰和平静。

你也可以搜索教程制作自己的水晶球，并把最喜欢的励志名言做成卡片放进去。

活动 20

为情绪做正念

你需要知道的

我们人类是有几种最基本最核心的情绪的，但即便是这些人类最本能的情绪，我们在焦虑的时候也很难识别。在探索精神和身体上的焦虑以外，我们也需要花一些时间来仔细探索这些情绪。

练习：你的情绪是怎样的

你一定体验过下表中所列的情绪，请你仔细回忆一下。如果想不起来，可以有目的地去找可能会让你产生下列情绪的短视频来看，或相关歌曲来听。在体验这些情绪时，写下自己的身心感受。

情绪	我的身体感觉如何	我的内心感受如何
幸福		
悲伤		
愤怒		
焦虑		

活动 21 将正念引入日常

我们不可能每次遇到困难时都立马坐下来冥想，所以不能只依靠比较正式的静坐冥想来应对每一种紧张或焦虑的情况。当然，每天花几分钟做正念练习是很有用的，但有时我们时间有限，只能利用碎片化的时间或活动来练习正念。

在做下面这些事情时，你可以试着用正念来让自己完全沉浸在当下。不必试图每天都做满，选择其中一两件事来练习正念，把它们变成本周的每日日常。到下周，再增加几个。

请记住，正念本质上就是集中注意力，所以一定要全心全意地去做，不要在其他事情上分心。渐渐地，生活变成了正念的实践，而正念也成为一种生活方式。

- 刚刚醒来躺在床上
- 淋浴
- 把自己擦干
- 梳头
- 刷牙
- 整理床铺
- 穿上衣服

- 系好鞋带
- 收拾书包
- 步行
- 开车或坐公交
- 讲话
- 倾听
- 洗手
- 吃饭
- 体育锻炼
- 做家务
- 烹饪
- 听音乐
- 伸展运动
- 作画
- 写作
- 与宠物玩耍

● 你日常生活中的其他活动：

____

____

本章小结

在这一章中，你了解了更多有关正念的知识——不加评判地关注当下正在发生的事情。正念能帮助你更清楚地看到自己的想法和感受是什么，而不是误解它们，这样你的焦虑也缓解了。在察觉之后，你也就更加明白到底该怎么做才有用。活在当下意味着不为未来担忧，也不为过去后悔，而是去欣赏和享受此刻的一切。你还尝试了一些正念练习，了解了该如何在情感、心理和身体上体验焦虑和其他情绪。在接下来的章节，我们的重点是如何将正念用于解决青少年面临的最具挑战性、最令人焦虑的情况。

现在我们来回顾本章中的教学、技巧和实践练习。

- 你最感兴趣的练习是什么？

- 你在日常生活中最可能使用的技巧是什么？

- 下周你打算尝试哪些练习？

CHAPTER

3

在家庭中

勇气并不总是慷慨激昂，有时候它是一天结束时那个安静的声音："明天我会再努力试试。"

——玛丽·安妮·拉德马赫

争吵，让人崩溃的兄弟姐妹，惹是生非的室友，父母分居、单亲家庭，孤独且忧虑，所有这些没完没了的事情都会让家变得不像家，变得不再安全、舒适。有时候家本身也可能变成触发焦虑的一个麻烦，或者我们无意之间也会把外界的压力带回家里，不管是哪种情况，我们很难把周围的环境都变成自己理想中的模样。但我们总归还是能改变一些事情的，比如，我们可以改变自己，改变应对家庭中挑战的方式。

活动 22 营造宁静、私人的空间

几年之前，我参与过凯蒂的治疗，她是一名大学新生，因为离家而非常焦虑，并很快陷入了抑郁中。她不喜欢校园生活，和室友不亲近，也讨厌待在寝室里。

有一次，我让她描述一下自己的房间。

“嗯，”她说，“我的室友把她那一边布置得挺好，但我一点也不喜欢这个房间，所以我那边只有床、桌子和梳妆台，其他东西都放在箱子里。”

我很吃惊。她的墙上没有一张海报，桌子上没有一张照片，甚至没有把行李箱里的毛绒玩具拿出来。难怪凯蒂在这个房间里不开心，也不放松，这根本就不是属于她的家。

所以后面的时间我一直在跟她商量该如何布置房间能让她感到更舒适。在那之后，她特意摆放了一些能勾起自己快乐回忆的东西和有美感的艺术品，挂上了便宜但整洁的窗帘，还从二手市场买了一块小地毯和一盏个性十足的时髦台灯。很快地，她就觉得自己拥有了一个平静的空间，能够远离外面的混乱。

你也许还没读大学，但你的房间是什么样子呢？你觉得安全、舒适吗？如果你和兄弟姐妹合住，不妨设置一个小角落，在那里放一些能提醒自己保持冷静的东西：可以是海滩上捡来的石头、风景画、香薰蜡烛、鼓舞人心的书法作品，或是朋友的礼物。如果家里很吵，可以尝试用白噪声、打开风扇或听听轻音乐来赶走外面的混乱嘈杂。

- 你打算怎样改变家里的环境，让自己感觉更加平静和舒适？

- 有什么东西或艺术品能让你感到平静？（如果你买不到实物，也可以是海报、明信片或照片。）

- 想想那些读过的励志名言，自己最喜欢的歌词，或者特别打动你的金句。把它们写在这里，可以的话，贴在自己能经常看到的地方。

- 借助网络，给这些句子配上漂亮的图片，然后打印并装裱起来。

活动

23 家庭中的矛盾

你需要知道的

家应该是安全的港湾，但对许多青少年来说，家是混乱的、不稳定的，甚至无法提供必要的安全感。

父母可能会吵架，兄弟姐妹之间的关系也不好，经济问题或其他压力让家庭氛围越来越紧张。问题是，我们必须在家里生活一段时间，那么面对压力和混乱，该如何寻求内心的安定呢？

我最喜欢的一种视觉冥想就是湖泊冥想。通过练习这种冥想，无论周围发生什么，心情和思绪都能像湖底一样平静。无论时光如何流转，季节如何变化，我们的内心深处永远平静安详。

正念练习：湖泊冥想

- 这种冥想对姿势没有限制，但躺着也许是最有效的，你可以在身下铺个垫子。
- 让身体慢慢下沉，然后平稳地在柔软的垫子上躺好，集中注意力察觉自己身体的感受。

- 想象一个湖泊，也许是你曾经去过的，也许是你曾在照片中看到过的。想象这汪湖水被大地包裹、支撑，就像你被身下的垫子支撑着一样。
- 把视线转移到湖面，想象它是怎样随着时间的变化而变化的。早晨，当薄雾从湖面上消散，它宁静无波、平滑如镜；到了下午，它开始泛起柔和的涟漪。湖面会发生变化，但是在湖底，那里始终平静。
- 天气不同，湖面也不同。成千上万的雨滴啪啪打在湖面上，激起调皮的水花；阳光洒在湖面有如碎金一般，波光粼粼；又或者，掠过的风在湖面掀起阵阵浪花和波澜。然而，湖底依旧是平静的。
- 随着季节的变化，湖面也在发生变化。某一天湖面上的倒影还是夏天的天空和云彩，没过几天就有金黄色的树叶洒落在湖面上，明亮的秋取代了夏天的绿；随着冬季临近，湖面的倒影越发单调，直到最后被冰层冻住，覆盖上一层薄薄的雪花；当春天来临，冰雪开始融化，天空变得明亮，湖面也开始澄澈起来。历经种种，湖底仍然平静、安谧。
- 因此，尽管外界可能会随着时间和各种情况而变化，但这些都不必扰乱内心中的平静与安宁。你可以找到内心深处的宁静，锚定在那里，借此减轻焦虑和担忧吗？
- 带着湖水的智慧，静静地躺上几分钟，品味周遭和内心中发生的一切所带来的力量与安宁。

活动 24 音乐中的正念

你需要知道的

听音乐是许多青少年甚至是成年人应对焦虑的好技巧。我们都有自己喜欢的歌曲，就像摇篮曲可以安抚受惊的婴儿一样，喜欢的旋律可以瞬间给自己带来即刻的安宁，让身心平静下来。当然，当我们过于激动时，音乐是很难让心情平复的，但听音乐确实可以帮助我们更深入、更专注地倾听，也让我们更加熟练地借助倾听让自己冷静下来。

正念练习：正念聆听

- 找一个安静的地方听音乐，最好戴上耳机。
- 请躺下或放松地坐直，尽量让自己舒服。穿足够保暖且舒适的衣服。
- 深呼吸几次，让身心平静下来。
- 现在把注意力集中在音乐上。刚开始可以把注意力放在歌曲中某个单一乐器的声音上，比如钢琴。这样的聆听可以让注意力更聚焦，并从导致焦虑的客体上移开。再尝试关注歌曲中其他的乐器声，看看你能在整首歌曲中追踪到多少种乐器，你可能会震惊于自己的发现。

- 当你追踪某一种乐器时觉察到了什么？

- 现在我们试试专心“倾听”自己的身体。把自己调整到最舒服的状态，当乐曲在身体中产生共鸣时，留心身体的感觉。你会神奇地发现，当音乐在我们的身体激起涟漪，我们的身体是如何接收和回应的。

- 你察觉到自己的身体里有什么感觉？

- 如果有的话，哪些让你有兴趣或非常惊讶？

- 最后，再次把注意力集中到身体上，然后借助歌曲追踪自己的情绪。去察觉产生了什么样的想法和情绪，尤其是那些浮现出来的记忆。当它们依次出现时，注意它、认清它，如此循环。

- 你察觉到了什么情绪？

- 脑海中浮现了哪些记忆？

____

____

- 还有其他想法或联想吗？

____

____

之前，你学会了正念呼吸法，因为无论身处哪里，都需要呼吸。现在有了智能手机，你也可以随时随地地做音乐正念练习了。

25 身体扫描

你需要知道的

正如之前提到的，我们的大部分焦虑始于身体，蔓延到大脑，然后“劫持”整个身心系统。但如果我们能够真正专注于身体，就能第一时间察觉到焦虑的存在，并在它滚雪球般弥散到大脑、完全控制自己之前阻止它，我们越了解自己的身体，就越有可能做到这一点。

那么，怎样才能了解自己的身体呢？现在你应该已经学会了正念思考。那么借助下面的剧本，你将很快掌握了解自己身体的方法。你可以把自己朗读剧本的过程录音，也可以找一个朋友、家庭成员或治疗师来读。通过这个练习，大脑不需要刻意提醒，也能养成每天花上一小段时间自动检查身体状况的习惯。这和背九九乘法表或者学会踢球一样，都是在不断练习之后形成的自动化反应。

对于某些人来说，可能很难和身体建立联系。因为生病，或者变胖或变瘦，你也许觉得自己的身体曾

“背叛”过你；也许你不喜欢自己的身体，或者某些部位会触发你不好的回忆或情绪。如果你有以上任何一种情况，那么我建议你谨慎对待这个练习，并考虑和自己信任的人一起做。

正念练习：身体扫描（改编自乔·卡巴金）

- 找一个舒适的地方，在不受干扰的情况下平躺 5 到 10 分钟。闭上眼睛。躺下时，你的全身要都能得到支撑，并且能够完全放松。相信自己的身体会为你呼吸。
- 首先，把注意力集中在呼吸上。吸气时，让自己的意识在全身流转。特别注意身体与身下位置的各个接触点。
- 再一次把注意力集中在呼吸上，跟随它顺着喉咙，经过肚子，想象它一直延伸到腿和脚。试着察觉在脚指头那里时的各种感觉，包括温度、湿度、袜子的触感（如果你穿着的话）、皮肤……然后从皮肤深入进去，感受下面的肌肉和骨骼。
- 再一次跟随呼吸把注意力放在脚上，察觉该部位产生的其他感觉。在你的双脚上花些时间，注意它们的感受。它们已经帮你走了一天路、支撑了一整天了，你得感谢它们的辛勤工作。
- 当你再次吸气时，请把注意力集中在脚踝和小腿；然后再来一次，这次是膝盖和大腿。探索这些地方产生的任何感觉。
- 现在跟随你的呼吸来到腰部，腰部有时候储存了我们很多紧张和焦虑。

- 下一次呼吸时，将注意力转移到腹部。感受腹部随着呼吸的起落。
- 接下来到了背部和肩部，这里也经常藏着很多压力。
- 把注意力带到胸膛，探索这个区域，倾听它传递给你的信息。
- 再次吸气，注意进入手腕、前臂，然后向上到上臂和肩膀。察觉这时的感受，以及身心对这些感受的反应。
- 现在，把注意力集中到后脑勺，察觉头部的感觉；然后在下一次呼吸时，进入头顶、前额，再向下进入面部。你需要做的就是注意到达每个部位时的感觉，并观察与之相伴的念头、情绪或冲动，以及它们随每次呼吸产生的变化。
- 现在，花些时间感谢身体的各个部位，它们辛勤工作，你才能保持健康的生活。然后再次快速扫描全身，检查有无紧张或不适感，如果有的话，再重复做几次这个练习，把注意力集中在那些感到不适的部位。
- 现在，开始把注意力从身体的深处拉回，回到周围的房间。感受身下柔软的垫子，轻轻睁开眼睛，肯定自己在今天余下的时间里，都能保持这种舒适、清晰的状态。

● 在做这个练习时和练习后，你的心理感受如何？

- 身体上的感受如何呢？

- 有什么样的情绪和冲动？

- 这些感觉一直在吗，还是发生了变化？

- 在你的身体感受蔓延成为内心的情绪之前，你是否察觉到过？

- 当你身体上或者情绪上不舒服的时候，你是如何应对的？

当你慢慢了解自己的身体，学会倾听它的秘密，就可以开始利用身体的正念来缓解焦虑。接下来的练习是关于如何将正念带入身体情绪的实验。

正念练习：释放恐惧

- 闭上眼睛，想象一个经常会让你焦虑的状况，想象一下那里的人、环境、声音和气味。
- 现在把注意力转向自己的内心，注意身体的哪个部位感到了压力或焦虑，识别这是一种怎样的感受。想象自己的呼吸深入到了这个部位，每次只呼吸一下，慢慢地把呼吸带到那里。吸气时，把平静和温暖送入，呼气时，把恐惧和焦虑带走。
- 吸入平静……
- 呼出担忧……
- 吸入安宁……
- 呼出恐惧……

要想熟练地掌握这个练习，你可能需要多尝试几次。这样，当你因为某些人、事、地点引发焦虑时，你就能找到更好的、更适合自己的词语来描述你所体验到的感受。

● 当你吸气时，你把什么情绪、词语或画面带入了身体？

____

____

● 当你呼气时，你把什么情绪、词语或画面带走了？

____

____

活动

26 独处时间

你需要知道的

有人曾说：“如果你把大脑看作一个充满危险的盒子，那就不要一个人打开它。”这句话当然很明智，但我们独自一人的时候怎么办呢？何况这种时候还不少，房子里空荡荡的，朋友们都离开了，只剩下了自己和脑海里的想法。有些人在独处的时间里茁壮成长，利用此时给自己的精神和情感充电。有些人则做不到，会打开那个危险的盒子。而最终，我们都会变得孤独。人类进化至今，需要与朋友和家人一起群居，因此孤独可能是极其痛苦且难以承受的。

- 你喜欢独处还是与朋友和家人共处？

- 你独处时一般做些什么？

- 你独处时最擅长干什么？

- 接下来的这一周，你是否会有独处的时候，这对你而言是挑战吗？

- 有没有虽然独自一人，但并不感到孤独和焦虑的时候？写在下面。

- 对你而言，一天中何时、何地你会感觉到很孤独？

下面的正念练习可以帮助你克服孤独感。

正念练习：富有同情心的朋友（受克里斯·格默和克里斯廷·内夫启发）

- 找到一个舒适的姿势，最好是坐姿。闭上眼睛，双手叠放于心脏上。察觉这种感受，保持这个姿势轻轻地呼吸。
- 现在想象自己在一个感到安全和舒适的房间里。这可能是你非常熟悉的地方，也可能是一个你想象中的奢华房间。光线和室温恰到好处，家具柔软舒适。
- 过了一会儿，来了一位访客，它就是想单纯地和你待上一会儿，它可能是一个虚拟的形象，一位你曾见过的人，一只宠物，或者只是某种关于温暖与爱的物质，但它必须具备勇气、温暖、力量和无条件接纳等品质。
- 去开门，把它请进来。邀请它坐在你感觉很舒适的位置，陪它一起坐下来。感受它的存在，尽情享受那种感觉。你可以微笑或用其他方式向它表示感谢。
- 现在，这位富有同情心且充满智慧的朋友想与你分享一些重要的事情，这也正是你此刻最需要知道的。它也许会直接说出来，也许是通过手势或表情，或者是传递一种感觉；你只要敞开心扉去接纳它所传达的事情就好。和它在一起，无论听到什么都请你保持开放的心态。
- 在离开之前，这位朋友想给你一样东西，是一个实物。想象自己伸出双手，感受它的存在，只需要察觉自己收到了什么，小心翼翼地保存即可。
- 你的朋友马上就要离开了，但你很清楚它一直都在，你可以随时回到它的身边。你从来都不是一个人。

- 花点时间回想一下自己从这位朋友那里得到了什么，在感觉一切就绪之后，轻轻地睁开眼睛。

- 你会见访客的房间是什么样子？

- 你选择了谁或什么来拜访自己？

- 你和它在一起的时候是什么感觉？

- 如果有的话，它和你分享了什么智慧？

- 做完这项练习后你有什么感觉？

- 在独自一人或感到孤独时，你会想到谁或是希望和什么产生联系？

活动 27

平静身心 准备入睡

你需要知道的

你躺在床上，辗转反侧，努力克制自己不去拿手机看时间，也尽可能不去想还睡不着的话明天的状态会有多差。你的脑子里各种思绪在奔涌——也许是兴奋，但更可能是担忧。对很多人来说，上床睡觉本应让我们放松警惕，不再思考工作、娱乐，不再想着玩手机；但很多时候恰恰相反，我们往往在睡前被遗憾、尴尬、各种计划和忧虑压得喘不过气。确实，在睡前，我们对今天已经发生的事情和明天即将发生的事情都无能为力。那么，应该怎么做才能进入当下，让思绪慢下来、平复身心呢？我经常推荐的是呼吸放松练习，它可以使身体平静下来，让思维聚焦。当然，也可以用更简单的方式来放松，比如把双手叠放在心脏上。

正念放松练习：弄潮

- 首先，保持仰卧，抬起头，直到能看见自己的肚子。在肚子上放个东西——可以是手、枕头、书或一个毛绒玩具。

- 集中注意力，随着呼吸进入自己的腹部，看着它慢慢鼓起，又慢慢落下。现在，看着你放在肚子上的物体，就像随着海浪在轻轻摆动。
- 如果你走神了，就把思绪再次带回到腹部，把目光集中在随着呼吸波浪沉浮的物体上。
- 聆听自己的呼吸声……察觉呼吸在腹部的感觉……像这样呼吸几分钟，直到它慢下来。
- 现在把双手叠放在心脏上，把注意集中在呼吸和身体上，像温和地冲浪一样，直到自己的身心都慢下来。

这个练习确实可以平复身心，但可能还不足以帮助入睡。如果你是这种情况，那就进一步做下面这个练习。

正念练习：渐进式肌肉放松训练（PMR）

这个练习能够帮助你放松身体，也能给思维降降速。PMR 可以在入睡时帮助自己平静下来。先把这个练习过程读一遍，然后再尝试。如果你愿意的话，既可以自己大声读，也可以邀请别人大声朗读，并且录音。

- 首先，保持仰卧，让身体完全放松，与床垫或地面接触。把注意集中在呼吸上，深吸一口气，感觉腹部鼓起，然后呼出。
- 绷紧脚部所有的肌肉，弓起脚背，弯曲脚趾。察觉那种穿梭在肌肉之间的紧张感。继续用力绷紧，再用力一点，然后放松。用心感受逐渐消退的紧张感和慢慢流入脚部的放松感。花些时间来体会释放紧张前后的差异。

- 现在，尽量勾起脚尖，并把脚趾张开，然后放松。随着紧张感的消失，感受放松感在脚的各处流动。
- 接下来，呼吸一两次，同时绷紧脚踝和小腿的肌肉，然后放松，察觉感受的变化。
- 现在的一两次呼吸，我们来收紧大腿和膝盖的肌肉；然后再放松，让放松感在自己整个下半身流动。
- 这一次呼吸，收紧髋关节和臀部，尽可能地绷紧，然后放松。
- 现在请将注意力转移到背部。把肩膀尽量向后拉伸，感受脊柱两侧的肌肉收紧，然后放松。
- 接下来，收紧腹部的肌肉，然后是胸部，之后绷紧整个躯干，保持片刻，然后放松。
- 这一次呼吸时，将注意力转移到双手上，尽可能地攥紧拳头，然后放松。
- 现在，注意力随着呼吸进入上臂，收紧肌肉，特别是肱二头肌和肱三头肌。然后放松，并体验放松感充盈你手臂的感受。
- 这一次呼吸，绷紧脖子和肩膀，感受肌肉的紧张感，然后放松，觉察此时的感受。
- 最后，轮到面部了。首先皱起眉头，然后瞪大眼睛，咬紧牙关，体验所有这些肌肉的紧张和压力，让这种紧绷感持续一会儿。然后就可以彻底放松了，在这种放松的感受中享受当下。
- 现在，快速扫描身体所有的肌肉。先是脚部和腿部，然后向上到臀部，再进入腹部和背部，之后是手臂和手部，特别注意颈部和肩部，最后是面部肌肉，去感受所有这些肌肉新建立起来的放松感。继续躺着，多和这些感受待一会儿。

- 如果你喜欢，可以换一个舒适的睡姿，让思维放松，从而让自己慢慢入睡。

睡眠专家还有一些建议：把所有钟表都拿走或是反扣；不要把手机放在床头，最好是拿到房间外面；睡前至少半小时内不要玩手机，也不要在起夜时看手机，哪怕看时间也不行。

你可能会问：辗转反侧睡不着觉的时候难道看看时间也不行吗？这也太不合理了吧！但请仔细想想：不知道时间真的会让自己更加焦虑吗？你确定这不是在减轻焦虑吗？

体育锻炼和规律饮食对睡眠都有帮助，但不要在睡前几个小时内运动或进食，而且务必远离咖啡因、尼古丁和糖分。

此外，规律的睡前仪式可以给身体发出放松或睡眠的信号。例如：淋浴或泡澡、冥想、感恩，或是阅读诗集等能让人卸下压力、身心平静的书。必要的话，还可以考虑使用眼罩和耳塞来避免外部的干扰。

最后，请记住，床就是休息、睡觉的地方，而不是用来学习或者玩手机的地方。

本章小结

我们在哪里，家就在哪里。但对某些人来说，家并不意味着放松和舒适，反而会引发更多的焦虑。我们可以对环境做出一些改变，来提升安全感、降低焦虑感，但更重要的是在我们的内心做出一些改变，去努力尝试注意到你自己或是生活中积极的一面。

本章给出了一些当你在家庭中遇到困境时保持冷静的方法，不管是面对家庭成员间的争吵还是其他的烦恼，都可以让你保持平和，冷静应对。其他练习旨在帮助你入睡，减轻焦虑，并享受独处。在家中还可以做一些不那么正式的正念练习，把注意力集中在家务、家庭互动和那些我们经常无意识去做的活动中。（参见下一页的“在家中练习正念的十个时刻”）

现在我们来回顾一下本章中的教学、技巧和实践练习。

- 你最感兴趣的练习是什么？

- 你在日常生活中最可能用到的技巧是什么？

● 下周你打算尝试哪些练习？

在家中练习正念的十个时刻
1. 你醒来做的第一件事
2. 洗澡时
3. 使用微波炉、面包机或咖啡机时
4. 走进门的那一刻
5. 坐在餐桌旁时
6. 做作业之前、期间和之后
7. 玩手机之前
8. 整理书包时（作业写完了，这可能是一天中最快乐的时候）
9. 等待朋友和家人的时候
10. 入睡前

CHAPTER

4

在学校里

避免批评只有一种方法：什么都不做，什么都不说，做个无足轻重的人。

——亚里士多德

对于许多青少年来说，学校很可能是触发焦虑的雷区，这里的人、环境和事件随时都可能引爆焦虑。借助正念，我们可以在焦虑出现之前预料到它们，并进一步防止自己被焦虑淹没。

活动

28 正念计划

你需要知道的

我们要做的第一步，是了解自己在上学期间有没有某天特别容易触发焦虑。通常来说，会有那么一两天比其他时候更容易焦虑，对许多人来说，这个时间段往往是周一，因为等待自己的是一整周的学习和工作；也可能是周五，因为这天会有每周小测或是思考周末的安排让人头疼。

- 一周中哪几天对你而言最难熬？

____

____

- 从 1 到 10 给自己的焦虑程度打分。

____

____

- 你一般会因什么而焦虑？

一天中也会存在倍感压力的时刻：课堂内容听不懂或老师很严厉；体育课上被同学欺负了；中午找不到人一起去食堂吃饭。还有一些人可能会在下午时感到更加疲倦和脆弱。

- 一天中什么时候对你来说最痛苦？

- 从 1 到 10 给自己在这些时候的焦虑程度打分。

- 此时你的思绪或身体焦虑的表现是什么？

对焦虑的人来说，学校有很多让人感到害怕的事情：有可能是考试；有可能是课堂展示；或仅仅是举手发言；也许是和老师谈话；或是写不出作文；甚至是只要想到学校就会害怕。

- 学校里的什么情况最容易触发你的焦虑，或者你在过去曾因什么而感到焦虑？

- 从 1 到 10 给自己在这种状况下的焦虑程度打分。

- 这种状况下，你的思绪或身体焦虑的表现是什么？

现在，你应该对在校期间哪些因素会触发焦虑有了更好的了解。记住，了解是成功的一半，掌握了这些，你就可以在焦虑产生的特定情况下做好处理和应对。

活动 CHAPTER 4 | 在学校里

29 学校恐惧症[①]

你需要知道的

对于一些青少年来说，哪怕只是去学校就会引起极大的焦虑，在学校待一天可能会发生很多自己难以承受的状况。他们很想逃避，身体也可能会有本能的反应，并绞尽脑汁想办法不去上学。

几年前，我治疗过一个女孩名叫阿曼达。她的压力和焦虑大部分来自学校，她本身又是个完美主义者，这让问题雪上加霜。

我想了解她一周中在什么时间、什么状况下感到压力很大，希望由此能够找到一些特定的触发因素，但她当时说不太清，到底对她而言学校里最大的挑战是什么。

但随着阿曼达跟家人、朋友就这个话题聊得越来越多，她逐渐意识到自己对学校的焦虑从周日就开始了。星期天晚上，胃痛和焦虑往往会扰乱她的睡眠，周一早上醒来的时候，她的精神已经摇摇欲坠、面临崩溃。

所以我们做了一些安排把星期天变成一个值得期待的日子，比如做

① 学校恐惧症：一种青少年心理疾病，表现为对上学非理性的紧张和恐惧。

一顿美食，做做让身心放松的瑜伽，还有睡前美美地泡个热水澡，这些都可以让星期天变得更美好。当然，有些焦虑仍然挥之不去，周一早上更糟糕，尤其是在步行上学的时候。但我们也发现步行上学这段时间是阿曼达练习正念的一个好机会，于是我们利用这一点进行突破。

无论是步行去上学，还是仅仅走到公交站地铁站，正念行走都是将正念引入日常的非常便捷的一种方式。当焦虑引发大量的“紧张能量”让你坐立难安时，正念行走也很有帮助。

我们很少在走路时去注意周遭发生的事情，要么听音乐、发短信，要么跟朋友边走边聊，甚至走神发呆做白日梦，往往等我们意识到时，已经到了目的地，至于是怎么走过来的，完全不记得了。

也许有时走路很无趣，但你可以让它变得有趣，试试在上学的路上做点什么来应对焦虑，无论是可能产生的还是已经产生的，这会让你平静而自信地开始新的一天。

正念练习：正念行走

- 正念行走和任何其他的正念活动一样，关键就是真正去注意并察觉到自己当下正在做什么。首先选择一个散步的空间，最好是户外，室内也行，但请确保室内的空间长度至少有 3 米，免得走几步就要转身。
- 双脚分开，约与臀部同宽。
- 眼睛盯着前面的地面。
- 深呼吸一两次，让身体平静下来。

- 花一两分钟调整姿势，站直、站稳。
- 感受自己的脚正在与地面接触。
- 慢慢地，抬起右脚的脚后跟，感受此时脚、踝和腿部的所有感觉，感受肌肉的运动。
- 抬起脚，向前迈出，落下，走出完整的一步。
- 现在保持专注，将身体重心转移到右脚，抬起左脚。同样地，在左脚向前移动脚落向地面，直到完全落地的过程中，感受腿和整个身体所有的肌肉运动。像这样再走几步，注意所有抬脚、迈步、重心转移的感觉。请尽量集中注意力，感受身体在正念移动过程中产生的运动、重量和平衡。
- 特别注意自己的重心从一条腿转移到另一条腿，重新掌握平衡的瞬间。

试着练习 5 到 10 分钟的正念行走。如果你不由自主地开始走神，没关系，这是非常正常的。每当你走神时，留心走神去了哪里，是什么把它带去了那里，然后慢慢地将注意力带回到行走的过程中就好。你也可以做点变化。

- 尽可能安静地行走。走路时，察觉自己所有的感官，注意感知是如何随着运动而变化的。
- 观察周围的美好事物。
- 尝试加速或减速。
- 尽量使呼吸与走路的节奏保持一致。

- 你现在身体感觉怎么样？有什么变化吗？

- 心里有什么感觉？

- 有干扰你的想法或状况出现吗？如果有，是什么？

- 你觉得什么时候可以用得上正念行走？

每周固定时间、距离，进行几次正念行走。完成后好好观察一下自己：走到了哪里，心中的感受和情绪发生了怎样的变化。虽然我们不可能在一夜之间就让自己变得无比积极乐观，但确实迈出了好转的第一步。也有研究表明，走路时关注积极的事物可以改善情绪。

我和朱莉娅讨论过这个问题，她也是一个学生，这几个月里，她每天都用正念行走的方式去上学，并留心观察周围的美景。她喜欢夏末和秋天，温暖的阳光，新修剪的草坪发出淡淡的青草香，树叶由深绿一点点变黄、变红。可冬天来临，这一路上又变得冰冷、死寂。

我尝试和她一起想办法，去发现冰雪世界中的美丽。

几天后，我收到了朱莉娅发来的几张照片：红色冬青果上融化的冰，栖在雪地上的亮绿色松针，卡在树枝上随风起舞的黄色纱线……原来在这个看起来毫无生气的世界中，只要留心，就会发现生命和美的迹象。于是，冬天的行走也不再单调、凄凉。

- 在你走路或骑车上学的路上，有没有特别美丽的地方？比如一棵你喜欢的树、一丛开花的灌木、一窝小鸟，等等。

活动 30 在教室保持平静

你需要知道的

好了，你已经到学校了，穿过走廊进入教室。课上到一半，你开始走神、左顾右盼，然后意识到自己没听到老师最后几分钟讲了什么。其他同学都在认真听讲，看样子都听懂了，突然你的身体感到紧张，担忧和焦虑开始袭来。

在感到焦虑时，本书中那些简单的练习都可以有所改善。有些活动可以悄悄完成，比如把注意力集中在脚上或者五官上；有些活动你可能需要更专心一点才有效果，如背诵单词等。

正念练习：吸气，呼气

在开始这个练习之前，想想自己平时在课堂上的身心感受如何，再想想自己理想中的身心感受是怎样的。

现在，每次吸气时，吸入自己想要的感受；每次呼气时，呼出不想要的感受。例如，如果你想感受到平静、放松和自在，而不想感受到焦躁、紧张和不安，只要试着在呼吸时说这些话：

吸气，我吸入了平静……

呼气，我呼出了焦躁……

吸气，我吸入了放松……

呼气，我呼出了紧张……

吸气，我吸入了自在……

呼气，我呼出了不安……

重复做几次，看看有没有用。把它们写在纸条上或记在手机上，以备不时之需。如果你觉得写下来有些不好意思，那就只写下平静等这几个关键词。

活动 31 与老师或其他成人接触

你需要知道的

乔希是一个害羞的孩子，他在学习上遇到了很多的困难，但是他不敢问老师。我像乔希这么大的时候，也有过不敢问老师的经历。但是害羞、不敢跟成年人交流，就会错失很多获得帮助的机会。

和乔希聊天时，他说自己甚至会悄悄溜出教室，来避免跟老师交谈，这意味着他可能从来没有从老师那里得到过关于自己学习情况的反馈。他作业倒是做了，但有时候因为不清楚具体要求，最后还是被扣分。

最后，乔希开始尝试使用膈式呼吸（或腹式呼吸）的方法，这使他身心的焦虑得到缓解，特别是在与成年人互动的时候。他喜欢这个方法的主要原因是，只要稍加练习，就可以随时随地做好，而且其他人也不会发现——他称之为“隐形正念”。

正念练习：膈式呼吸

在感到焦虑时，我们的呼吸往往会变得急促，这时，吸入的并不是身体获得能量真正需要的氧气，也无法使身体和大脑发挥最佳功能。所以，现在我们来试试膈式呼吸法，开始时先试着用腹部呼吸两分钟，然后看看是否可以坚持 5 到 10 分钟。

- 找到舒适的姿势让上半身保持直立，站着或坐着都可以。把你的整个身体都向上伸展，让身体从脊柱底部到胸部，再到肩膀、脖子和头部，体验到一种向上提拉的感觉。
- 可以瞪大眼睛盯着前面的地板，也可以轻轻地闭上眼，看看哪种方式更舒服。
- 把一只手轻轻地放在胸前，另一只手放在腹部，感受自己这两个地方呼吸的感觉。你也许会发现这样能更好地体验到呼吸的感觉。看看能不能慢慢地把呼吸的关注点从胸部转移到腹部。如果这很难做到，试着将呼吸轻轻地向下引导，或者在心里默数，让呼气比吸气的时间更长。

● 你现在的感觉如何——分别从思维和身体上谈谈感想？

- 你什么时候愿意尝试膈式呼吸法？

____

____

这个练习开始时会比较难，但你很快就能熟悉和适应，最后不需要再借助手去感受。当在学校跟老师或其他成年人互动感到紧张的时候，就可以尝试膈式呼吸，从而使自己保持冷静，而且根本不会有人注意到你的变化。如果在其他场合不知所措，也可以尝试几次膈式呼吸，看看是不是有帮助。

活动 32

课堂发言

著名脱口秀演员杰瑞·宋飞曾说："大量研究表明，人们最大的恐惧就是公开演讲，死亡都只能排第二。听起来挺有道理对吧？这意味着，如果去参加葬礼，你宁肯躺在棺材里的那个是你，也不愿意公开致悼词！"

相信我，绝对不止你一个人在大众面前演讲时感到紧张。演讲和其他技能一样，不是与生俱来的能力，需要通过大量的实践练习来让自己自如地表达。无论此刻你是正站在全班同学面前演讲，还是仅仅想到这个画面，面对满屋子盯着你的眼睛，你的焦虑所引发的身体反应，就像千万年前人类的祖先被一群捕食者盯着时一样。正念练习可以改变这一点，让我们的身体和大脑对眼前的真实状况作出更恰当的反应。

那么怎么才能在公开演讲中做得更好呢？我们既要提前做好准备，也要整理好当下的身心。我们要好好准备，但不要过分担忧或是被臆想中的灾难画面所影响。这需要练习，就像你面临每一个重大时刻时，睡好、吃好，保持身心状态良好。

我有一个朋友是哈佛大学的知名教授，他很讨厌公开演讲，但作为一名教授，他要做的就是频繁的公开演讲！他与学生们相处得很融洽，可以坦诚地告诉同学们自己在开学的时候有多紧张。而在某些情况下，与听众保持过于亲近的关系可能并不明智。

但是，我的朋友会例行在每次上课前去健身房，洗个热水澡，冥想几分钟。虽然他还是有点紧张，但经过这一套流程，他的精神和身体都做好了准备，也就能更好地去应对这种紧张。

所以我强烈建议你在公开发言之前去做些什么。

当重要的时刻来临时，比如你过几天要在科学课上作报告，你会做些什么？你可以按时起床，去跑步，吃一顿丰盛的早餐，练习演讲或者在心里想象待会儿的场景，深呼吸，或者冥想几分钟。

如果你站在了班级最前面，当你开口说话时会发生什么？比如说我吧，我在一群人面前公开讲话时总是控制不了语速，哒哒哒哒一顿输出。所以我会在稿子或PPT的每一页上都用醒目的字体标记“慢下来”，用来提醒自己放慢语速。为了保持清醒和冷静，我甚至还会在稿子上标记“这里该呼吸了”。而一旦我的身体因紧张而开始颤抖，我就把注意力集中在自己的脚上。我是这么做的：深吸一口气，跟着它一直向下沉到脚部，想象双脚扎根在地上，同时去觉察脚底的各种感觉。

现在赶紧也来尝试一下，经过一段时间的练习之后，你可以选择做简化的版本，或根据实际情况进行相应的调整。

正念练习：脚部正念

- 坐着或站着，让双脚平放在地面上。
- 深呼吸一两次。
- 在下一次深呼吸时，让意识随着呼吸一直向下沉到脚底，就好像第一次和脚见面一样，把所有的注意力都集中在脚上。
- 体验身体的重量全部压在脚上的感觉。

- 感觉脚的周围和脚趾之间的空间。
- 想象一下那些让你保持直立的肌肉。用脚踝的肌肉做一些微小的动作，继续保持直立和平衡。
- 感受脚的温度。并把脚部的骨骼尽可能想象成平整的。
- 感受袜子跟脚部接触的感觉，它们柔软吗？温暖吗？是痒痒的吗？感受鞋子带给你的感觉，它们弹性好吗？结实吗？穿起来舒服吗？
- 现在把注意力放在地板上。是木地板？还是瓷砖？还是软软的地毯？它是完全静止的，还是有微小的震动？
- 把脚用力踩向地板，感受这种感觉，想象脚部生出根来，在向下生长，把自己变成一棵树。
- 再次深呼吸，把气吸到脚部……再从脚一直向上。
- 向双脚表示感激和赞赏。

每次感到焦虑的时候，就吸一口气然后向下沉一直到脚部，让自己感觉扎根在地里。

- 你现在的身心感觉如何？

- 练习过程中，有出现任何干扰你的想法或状况吗？是什么呢？

- 你最喜欢这个练习的哪个步骤？最不喜欢的呢？

你最喜欢的几个步骤就是下次站在众人面前演讲时，你需要特别关注的。

活动

33 写作障碍

你需要知道的

斯蒂芬·金在《写作这回事》一书中说："最可怕的时刻在你开始写作之前。一旦开始，事情只会越变越好。"是的，即使是这位恐怖小说大师，也害怕一个字都写不出来！

对，你正在读的这本书，也是一位作家写的。和大多数作家一样，我也经历过写作时的灵感障碍，有时是几个小时，有时长达几天，甚至能到好几周。每个人，哪怕是很有创造力的人，都会遇到写作障碍。

而且，并没有解决写作障碍的灵丹妙药，如果有人找到了，那他将是世界上最富有、最多产的作家。虽然没有灵丹妙药，但正念对于产生源源不断的创意是有帮助的。

下面的练习跟前面我们学过的"数声音"很像，不一样在于，我们不数有几种声音，而是计数身体中的感觉。这可以让我们的思维从被束缚的大脑里解放出来，进入身体里面，在那里你可能会发现更多的灵感和安慰。

正念练习：计数感觉

- 坐直，以正念的方式深呼吸几次。
- 现在将注意力集中在身体上，快速地从脚扫描到头，察觉身体中出现的任何感觉。
- 现在请注意身体深处的感觉，以及皮肤表面的感觉。
- 感受自己的体温，注意身体可能无意识做出的每一个微妙动作。

● 写下 5 种感觉：

● 你现在的身心感觉如何？

再试一次，这一次尝试察觉随感觉产生的任何想法和情绪，然后把注意带回到身体上。

1. 当我在身体里感觉到____，我想到____；我体验到了____情绪。

2. 当我在身体里感觉到____，我想到____；我体验到了____情绪。

3. 当我在身体里感觉到____，我想到____；我体验到了____情绪。

4. 当我在身体里感觉到____，我想到____；我体验到了____情绪。

5. 当我在身体里感觉到____，我想到____；我体验到了____情绪。

现在试着头脑风暴一下，写点什么。也许你受到了这个练习的启发，或者只是大脑中的格局、空间打开了。

- 练习后，你的想法是：

____

____

____

____

____

34 考试焦虑

你需要知道的

考试是学校里最容易引起压力的事情之一，考大学或者读硕士博士，都要面临考试。即便你已经工作了，也可能要考取一些执业相关的证书。虽然考试不太可能从你的人生里消失，但你可以学会控制自己的考试焦虑，甚至可以有效地把这种焦虑变成动力，从而在每一次考试中发挥得更好。考试焦虑会让你的身体下意识地做出反应，把考试当成迫在眉睫的危险，无论你复习得怎样，都无法清晰地思考，同时肌肉开始紧张，身体很快就会僵住，或是不经思考随便写个答案，只要别交白卷就行。

- 现在回忆一下最让你焦虑的一场考试，当时你的思维和身体都发生了什么变化？

- 是什么帮助你在那场考试中渡过难关？

____

____

- 回忆一下自己很满意的一次考试经历。描述一下当时的情况，你的思维、心理和身体分别有什么感觉？

____

____

____

____

- 面对即将来临的考试，你可以做哪些具体的事情？如果是一直需要你保持聚精会神的状态（不一定是学习），你又能做些什么呢？

____

____

练习：为考试做准备

有很多方式可以帮助自己的身体和思维应对考试或其他压力。阅读下面的建议，在你已经做过的事情旁边标记“☆”，在你打算尝试的建议旁边标记“√”，在空白横线上添加你自己的其他想法。

__________制订学习计划。

__________提前复习，避免临时抱佛脚。

__________前一天晚上吃健康的晚餐。

__________前一天晚上睡个好觉。

__________避免摄入过多咖啡因或其他容易让你兴奋的物质。

__________健康早餐。

__________早晨适量运动。

__________穿舒适的衣服。

__________冥想或专注于呼吸。

__________想象自己成功了。

__________给自己打气，或给朋友打气。

__________听能让你平静的音乐。

__________看或听一些让自己心情愉悦的东西。

在进入考场之后，也有一些事情可以做。比如等待发试卷的时候可能很难熬，但这正是使用一些正念技巧的最佳时机。你可以专注于自己的呼吸，每次注意到思绪在未来或过去徘徊时，就轻轻地将它带回到当下的呼吸上。你也可以做一做之前学到的呼吸练习，利用这段时间让身体平静下来并理清自己的思绪。理想情况下，一定程度的焦虑对你是有益的，能让你保持专注和警觉，但一定注意把握好平衡，避免太紧张以至于无法思考。

做下面的练习，它可以帮助你在考试时保持专注和冷静。

正念练习：计数声音

- 察觉周围所有的声音，如果你愿意的话，也可以闭上眼睛。
- 如果环境很安静，你很难察觉到全部的声音，那就从最接近自己的声音开始，把注意力逐渐向外拓展。
- 坚持一分钟，把你留心听到的声音记下来。

● 做完这个练习后，你的感觉如何？

______

______

● 焦虑在你的思维和身体中是什么表现，有没有变化？

______

______

掌握这个练习后，在下次感到压力大时可以做点简化。比如给自己一个目标，察觉 3 种、5 种或 10 种声音，看看自己的思维和身体在进行到哪一步时会安定下来，变得更加专注。

下次考试时试试这个方法。你只需靠在椅子上，闭上眼睛，注意 5 种声音，然后坐直，靠近课桌，让注意力回到试卷上。你可以选择把察觉到的声音写下来，也可以不写，只要注意到它们，然后回到考试上来，就会让思维更敏锐、身体更放松。

活动

35 食堂里的担心

你需要知道的

电影在描画学校生活时常常有这样的场景：一个新转学过来的孩子走进食堂，环视一周，全是陌生的脸孔，或者坐得满满当当，没有空位，然后他就开始恐慌。虽然这种场景有点老掉牙，但关于学校食堂的刻板印象也是有道理的——我们大多数人都有过这样的体验，也害怕经历这样的场景。

正念练习：CALMM 小贴士

- 下面这个做法能简单快速地在恐慌来袭时帮助自己冷静下来。你要记住的就是“CALMM”：胸部（chest）、手臂（arm）、腿（leg）、嘴（mouth）和大脑（mind）。站着、坐着、躺着来做都可以，或者就保持自己被触发焦虑时的姿势。
- 站直身子，深呼吸。
- 首先扫描胸部，尽可能挺起胸部，为心脏和肺创造足够的空间。注意心脏跳动的节奏，以及每次呼吸时肺部收缩、扩张的节奏。

- 下一次呼吸时，快速扫描手臂。耸肩，然后放下，摆动手臂，把注意力集中在手上，然后向上到小臂，再到大臂。察觉自己的感受和冲动，随着它们一起呼吸。
- 下一次呼吸时，将注意力移向腿部，让注意力和呼吸流经脚、小腿和大腿。察觉自己的脚底，它们坚实有力地站在地板上，双腿静止不动，支撑自己站立。
- 接下来，将注意力集中到嘴巴和下巴上，咬紧牙齿、收紧肌肉。深吸一口气，然后放松。
- 最后，把注意力集中在大脑上，察觉自己的各种想法，让它们平静下来。

这个练习中，你身体的哪个部位感到最紧张最不舒服？

本章小结

本章旨在帮助你克服去学校的焦虑，以及使用正念练习来减轻在学校里产生的焦虑，不管是在教室，还是在食堂。希望本章中的练习和技巧能帮助你找到最佳方法去处理这些焦虑。

现在我们来回顾一下本章中的教学、技巧和实践练习。

- 你最感兴趣的练习是什么?

- 你在日常生活中最可能使用的技巧是什么?

- 下周你打算尝试哪些练习?

在学校练习正念的十个时刻
1. 去学校、放学回家或是在学校里走路的过程中
2. 上课前的几分钟
3. 老师点名的时候
4. 请假去洗手间，然后在那里练习
5. 公开演讲前
6. 等待老师叫同学回答问题的时候
7. 等待发试卷的时候
8. 考试答题的间隙
9. 开始写作文之前
10. 课间休息、自习或其他自由活动时间

CHAPTER

5

在社交场合

朋友让我们的生活更丰富、更充实，但也有例外，朋友有时也会带给我们压力。友谊带来的不仅仅是欢笑和乐趣，也包括了小打小闹，甚至严重的矛盾。

比如聚会本是为了放松或庆祝，但对许多人来说，这种场合往往会带来更大的压力和焦虑，因为这些时候更容易产生矛盾和冲突，而为了避免这些矛盾与冲突，往往需要付出很大的代价。

比如约会让人兴奋，也很有趣，但同时也会带来不必要的压力。

虽然友谊最让人感动的就是朋友的倾听与支持，但有时你一个人的倾听与支持并不能解决朋友的困难。何况互联网时代，我们至少有一半的社交活动是通过网络进行的，在这种情况下，没办法判断对方的面部表情或语气，往往也容易引起误解。

如此种种，难怪社交生活中有那么多让人焦虑的事情！

这些都是正常的，因此感到尴尬、焦虑或孤独的人，绝不止你一个。但有些人的情况可能更严重，以至于开始逃避各种各样的社交活动，而这又可能会对他们的人际关系、对他们想要做成的某件重要事情产生负面影响。

也许你意识到了这个问题的严重性，也许你根本不当回事。但不管怎样，事实摆在这里，许多青少年都在与社交焦虑作斗争，大家都在寻找方法，来帮助自己缓解这种焦虑情绪。当你在人际交往中触发恐慌警报时，正念可以给你更多信心，也能帮助你保持冷静。

活动

36 社交焦虑的诱因

你需要知道的

对你的一些同龄人来说，社交似乎是很自然的事情，通常这只是因为他们有更好的榜样或是练习得更多。事实上，克服害羞和社交恐惧症的最好方法就是多社交，练得越多，它就越容易，就像学习乐器或运动一样。当然反过来也是一样，越逃避社交场合，社交能力就越差，自信心也就越来越不足。而随着信心减少，就越不愿意去主动社交，焦虑也就越严重。当然，进入自己害怕的场合并不容易，但一旦你有意愿去改变，什么时候开始都不晚。不要想着立马就变成社交达人，你可以从下次聚会开始，想想如何做好心理和身体的准备，让自己更自在。如果几周后你就要去参加一个大型派对，那么你可以用这段时间来磨炼社交技巧，在面对“大人物”之前有充足的机会来和各种各样的人练习闲聊，这里的“大人物”就是那些你想与之成为朋友或是让你心动的人。而如果马上就要参加聚会了，那正念练习可以帮助你参加聚会时平静下来。

下面我们来用简单的练习热热身。当你加入一群不熟悉的人时，试试去找找你们之间的共同点。比如你们曾经参加过同一场聚会；也许你们有共同的朋友，或者你们是同学或是校友；你们爱好同样的运动，或是都喜欢吃某种食物。所有这些都是你们打开话匣子的由头，如果你心里还在打鼓，疑惑自己真的能适应这里吗，那么答案是非常确定的：是！

- 写下那些会引起你焦虑的社交场合。

- 逃避这些社交场合可能会带来什么负面后果？

- 面对这些社交场合有什么好处？

- 在马上要参加的聚会中，你跟其他人有什么共同点？别紧张，这些共同点其实很容易找，它们很简单，也很表面，比如你们都喜欢吃臭豆腐。

正念练习：“STOP”社交恐慌（向鲍勃·斯塔尔和以利沙·戈尔茨坦致谢）

当你想要逃离某个社交场合，帮助自己留下来的简单方法就是“STOP”。“STOP”是一个缩写：

- 停下（Stop）自己正在做的事。
- 深呼吸（Take a breath）。把注意力集中在吸气时产生的所有感觉上：冷空气冲击自己的鼻子和喉咙深处，沿着喉咙向下移动，然后察觉腹部和膈随着吸气而扩张。现在呼气，察觉膈的放松，感受温暖的气体从嘴巴和鼻孔向上、向外流动。
- 观察（Observe）。现在看看周围发生了什么，周围的声音、景象和气味是什么样的？然后把注意力转移到自己的身心感受：身体的感觉是舒服还是不适？有什么想法、情绪和图像在脑海中浮现？
- 计划和落实（Plan and proceed）。有没有办法让自己的内心状态与外在世界更加一致？或者可以怎样对外部进行调整使其符合自己的内心？你现在可以采取什么措施来改善这种情况？

现在来尝试这个练习。

- 写下你能想到的可以应用“STOP”练习的社交活动。

____

____

- 在聚会或其他社交场合，你可以找什么时间来练习“STOP”？

____

____

合理规划你的社交活动也是有帮助的。这意味着你需要设定清晰的界限，不要对每件事都说“好”，也不要拒绝所有的事情，去那些你最想去的地方，以及你觉得可以挑战自己实现突破的场合。注意不要给自己安排过多的活动，当然，做到这点不容易，尤其如果你不会拒绝或总是担心自己错过了什么。但如果你总是赶着从这个活动到下一个活动，那将会感到更大的压力和焦虑。不要每个周末都去参加社交活动，抽出些时间留给自己。让自己在每次社交活动中都出彩当然是美好的期待，可事实是社交互动不以我们的意志为转移，它是难以控制的。不要指望那些聚会或派对完全像自己计划得那样完美，大概率是不可能的，如果期望太大，你的期望就可能变成失望。

你可以动脑筋想一想的是，自己在这次社交活动中能够做什么，从而让它更有意义。毕竟你唯一能够控制的就是你自己。

最后要记住一点，社交是用来享受的，所以在练习本章中的各种技巧时，尽量让自己开心一些。

活动 37 与难相处的人打交道

在社交场合，碰到那些不好相处的人，往往让我们非常头疼。面对这种人，通常有 4 种应对方式：回避、讨好、接纳和果敢。

大多数人都会选择回避，如果你不喜欢某些人，就不要和他们打交道！回避那些可能会遇到他们的聚会或其他场合。如果一些讨厌鬼总是嘲笑你的体重，那就想尽一切办法远离他们。这种方法通常是有效的，而且确实能保证自己的安全；但问题是，我们不可能永远回避，尤其是如果你的学校规模不大，难免会一次又一次地遇到同样的人。

另一种就是讨好他们，让他们达到目的，这样他们就不会烦你了。这种方法能在短期内奏效，因为它维持了表面上的和平，维持了“你好我好大家好”的局面。但是从长远来看，讨好不可避免地让自己的内心产生不悦和怨恨，也向周围的人发出一个信号：我是可以被利用的。

从长远来看，更健康的策略是接纳和果敢。接纳你不喜欢的一些人或他们的行为，但同时也接纳一个事实，那就是自己无法永远回避或是讨好他们。接纳还包括认识到自己不能改变这些人，但可以改变自己的反应。这不意味着你一定要喜欢他们，但必须接受他们的存在，也认识到和他们之间的互动方式是有好有坏的。

最后，对付这些不好相处的人，最好的方式往往是果敢，这意味着你要在被动屈服和充满攻击性这两种方式之间寻求平衡。具体来说，是你要为自己挺身而出，而这往往需要自我关怀和自尊自重，它可以帮助你传达感受、设定边界、学会拒绝，或是直接要求对方改变对待你的态度。如果你已经尽了最大努力，还是不能改变局面，那就需要成年人的介入。

即使没有到霸凌的程度，在学校也会与他人爆发各种小矛盾、小冲突，这让学校生活变得难以忍受，甚至因为焦虑而厌学。以下是一种很接地气的做法，在很多人陷入人际关系困境时都帮助他们增强了自信。在日常生活中尝试这个训练，一旦发现自己的情绪或身体被他人操控时，就可以使用它。

正念练习：驾驭 4 种元素

这个练习很好记，它只涉及 4 种元素——土、气、水和火，这是许多古代信仰的源头。这个练习站着做的效果最好，但也可以坐着。

- 首先，察觉自己的脚像树一样深深扎根于大地。你正在与第一个元素“土”接触，土是坚固的，能帮助你保持稳定。感受脚下的土地，想象自己的根深深扎进泥土里。
- 接下来，察觉鼻尖处的空气。空气使我们自由独立，代表着我们心灵的力量，带走我们的恐惧。每次呼吸时，去察觉自己的胸腔和腹部随之扩张和收缩。
- 在与空气产生联结之后，花几分钟吞咽嘴里的唾液，让注意力随之进到肚子里。水是另一种元素，代表着流动、沉淀、反思。
- 最后，感受来自身体深处的能量。这是生命之火，在这个世界上给你信心、力量与能量。

• 用一小会儿来连接每一种元素：稳定的土、独立的气、反思的水和生命的火。问问自己，在面对挑战和冲突的时候，是不是需要更多这样的品质。

- 描述一下做完这个练习后的感受。

- 在这一刻，你需要哪些元素和品质？

- 当面对一个难相处的人时，你觉得自己最需要的品质是什么？

活动

38 当朋友陷入困境

你需要知道的

友谊呈现的方式很多，包括时刻准备着倾听，还有提供可以依靠的肩膀。朋友们可能会向我们倾诉一系列的问题，从家里的争吵、社交中的糟心事，到一些更严重的问题比如自残，以及其他一些没法跟成年人倾诉的问题。做一个好的倾听者可能很难，但正念可以帮助我们保持自己的稳定，并给到朋友支持。我们需要保持情绪的冷静和头脑的清醒，以便更好地倾听，并给出恰当的建议。

想想自己最好的那些朋友，无论是现在的还是多年以前的，是什么让你和这些人成为如此要好的朋友？许多人会说是忠诚、可靠、热心、善于倾听、能够给予支持，以及其他重要的品质。这些品质通常也是我们希望能提供给他人的。

- 你认为做一个好朋友应该具备哪些品质？

- 回忆一下，某次你跟一个朋友或值得信任的人彼此分享和倾听，创造了非常舒服的体验。描述一下这次经历。

- 在那次谈话中，你身体的感觉如何？

- 是什么让你感觉很舒服？

当我们为朋友担忧，或是看着朋友陷入困境自己又无能为力的时候，经常会变得焦虑。虽然事情可能没有那么糟，但我们的反应往往好像天都塌了一样，这可能是因为强烈的情绪容易传染。听着一个人正饱受痛苦，自己可能会变得焦虑，因为不知道该说什么；或者，我们在聊与自己相关的事情时也会感到焦虑，因为害怕被评判。

焦虑对每个人的影响是不同的。对有些人来说，这可能让他们不考虑清楚后果，冲动地给出一些建议；而对另一些人来说，焦虑会让他们变得保守，保持一种观望的态度，而不愿意分享自己真实的想法，以免把事情弄得更糟。当然，有时候说出自己的想法的确不是好主意，建议朋友向成年人、专业人士或其他能提供真正帮助的人寻求支持是更加明智的选择。

借助正念，你可以更好地分辨这些情况，并感受到焦虑慢慢消退。你会知道什么时候自己能够真正地倾听并提供帮助，什么时候能够真正自信地讲出观点，以及什么时候可以做些其他的事情。这些练习不会立即给你所有的答案，也不会让每一次艰难的对话都变得容易，但它们确实能让对话变得更有成效、更有帮助。

在许多文化中，倾听比表达更重要，善于倾听被认为是智慧的象征。培养正念倾听的能力有助于处理所有的人际关系，最终你这种善于倾听的智慧也会感染他人，而不是传递给他人强烈的情绪。

下面的正念倾听，改编自内观对话，它提供了一种与他人建立联结并正念倾听的方法。内观对话是一种教你深刻、专注地说话和倾听的方法，基本上是一种双人互动的冥想，它有助于创建彼此的信任。内观对话的基本步骤是暂停、放松、相信会出现的事情、深度倾听并说出真相。一开始练习时你要记的东西会比较多，但随着不断练习，就会越来越简单。回答下面的问题可以帮助你进入正念倾听的模式，你可以试着记住这些，或者与自己信任的人一起练习。

正念倾听（改编自内观对话）

首先，把全部的注意力集中在和你在一起的人身上。尽你所能去注意有关他们的一切，特别是情绪状态。

- 他们的面部表情和肢体语言能告诉你什么？
- 他们的呼吸有什么特征？他们的声音呢？你能察觉到他们的什么情绪？

现在把注意力转向自己的面部和身体，去注意你自己的呼吸和声音。

- 你能放下那些会分散注意力的想法吗？
- 你能从内心察觉到什么情绪？
- 你的内心是怎样的，外在又是什么样子？
- 尝试以各种方式敞开心扉，调整自己的思维、身体和呼吸，从而更容易接纳对方说的话。
- 在别人说话的时候，你觉得自己有没有在认真地倾听，还是在等待自己发表观点的时机？

在你决定正念倾听朋友说话的时候，以上都是你需要考虑的事情。如果能够以这种方式倾听，你提出的观点可能对朋友更有帮助，更有智慧。

正念讲话

正念讲话与正念倾听有许多相似性。在你想要回应对方之前先深呼吸一两次，说自己真正想要表达的，并考虑借助“THINK”来帮助自己更自信、更有效地表达。

- 真实（True）：我想说的是真实情况吗？
- 有益（Helpful）：我想说的会有帮助吗？
- 我（I）：我说这个合适吗？
- 必要性（Necessary）：是否有必要现在说？
- 友好（Kind）：这样说对对方和其他人友好吗？

在权衡应该做出怎样的回应时，这些都是需要考虑的重要问题。其实，有时什么都不说，甚至是说“我不知道”也是没有问题的，反而可能是自己能做的最有帮助的事情。作家玛格丽特·李·瑞贝克曾说过：“沉默才是朋友之间最真实的对话。重要的不是说什么，而是不需要说。”

39 派对和舞会带来的压力

你需要知道的

当你走进一个新的社交场合，最大的挑战之一就是感到非常的孤独。如果我是第一个到的呢？如果没有认识的人可以说话呢？如果我的朋友在忙着和别人聊天或是提前离开怎么办？即使是非常自信的人，也可能会在活动前几天或前几小时被这些问题困扰，甚至是在活动中的某个时刻彻底被它们绑架。面对这样的担忧，要怎样保持冷静呢？

有时候，周围的每个人看起来都是那么自如、自信。但事实是，其他孩子甚至是成年人，往往和你一样焦虑，他们可能只是藏得很好，或者掌握了一些处理技巧。社交聚会能教会你一句老话："不要把自己的内心和别人的外在相比较。"人们表面上看起来很自信，但并不意味着真的如此。你要知道，即使你不自信，也不意味着你会表现得像自己感觉的一样紧张。其实大多数人并没有你想象中那么关注你，这也许是好消息，也可能是坏消息。

如果朋友不能总是陪着你，那么带一些坚固而稳定的东西也会有帮助，它们能提醒你自己也具有强大的能量。一块漂亮的小石头就是个不错的选择，悄悄放在口袋里，非常方便，而且不引人注意。下次散步时，睁大眼睛去找一块漂亮的小石头吧。如果你能一看到它、一摸到它，就想起某处美丽的地方或是某个美好的假期，那就更好了。当然，这不是必要的，也可以把石头带回家里，有时间的时候，拿出来好好把玩。

正念练习：口袋里的鹅卵石（由克里斯·格默和克里斯廷·内夫启发）

- 把石头放在一只手的掌心，好好观察一下它的样子，它的形状、颜色和其他外形特点。
- 现在闭上眼睛，察觉手掌中石头的重量。
- 再来观察石头的其他特征，是冷的还是暖的，是粗糙的还是光滑的。
- 想想这块石头有多坚固，它要有多大的能量才能存在数十亿年，见证地球生命的诞生、恐龙的灭绝，直到今天人类的发展，而它自己在时间的长河里几乎没有任何改变。
- 把石头放在口袋里，每当你在社交场合开始感到焦虑时，就摸摸它，提醒你自己也有很强的能量，让它用生生不息的力量把你带回到当下。

活动

40

打电话聊天

你需要知道的

互联网用不可思议的方式将我们与世界各地的人连接在一起，但在不断地打字发消息的过程中，人们已经越来越少地进行面对面的交流，甚至连电话都不怎么打了。本书中有很多练习都能帮助我们避免一有焦虑就想玩手机，但很多人都没有做过这些练习，所以更愿意选择不接电话，而是回短信。然而通常情况下，打电话才是与人沟通最合适的方式，而且随着你的年龄增大，它就变得越来越重要，求职和入职相关的信息可不会发短信给你！

开始这个练习最简单的方法就是打简洁的电话，比如试着拨通朋友或家人的电话，问一些简单的问题；然后再试着给那些让你非常紧张的人打电话，聊一些更复杂的问题。如果担心打电话会打扰别人，只需要提前问一下："你可以抽出几分钟的时间我们打电话聊一下吗？"或者"你现在方便吗？"就能马上得到答案。用上你觉得最有用的正念和放松练习，帮助自己专注于当下。打电话的过程本身就有很多可以用正念的时刻，如"STOP""CALMM"以及正念讲话和倾听。比如手机响的时候，都可以在接起之前先停下一小会儿，感受一下自己的呼吸；你打电话之前，也可以花点时间“扫描”一下全身或是深呼吸。

你要知道，打电话是有助于隐藏你自己的，这也是有好处的，没有人能看到你脸红或是躲闪的眼神，而且还可以趁这个机会去练习一些面对面聊天中你很难做到的事。例如，可以借助微笑让自己更加自在、自信，这也是电话推销员的老把戏了；你还可以在房间里来回踱步，帮助自己平静下来，甚至是边说话边伸个懒腰，或是在接到电话面试时站直了来让自己更自信；你也可以把手放在肚子上来保持平稳的呼吸，或者使用在本书中学到的其他技巧。

活动 41 使用社交媒体

你需要知道的

近年来，互联网社交媒体已成为社交领域的宠儿。微信、抖音、小红书、B 站等社交软件为人们的互动提供了大量机会，同时也造成了大量的社交焦虑！

与此同时，技术的发展也为促进正念练习提供了许多新的方式和机会。你可以在上学的路上，用小红书记录你所发现的美好；也可以在豆瓣上建立一个冥想练习小组，并通过微信、QQ 与其他面临焦虑困扰的青少年建立联系。目前，手机上有很多应用程序可以帮助你正念呼吸或指导你进行冥想，就等着你去下载和尝试了。

以上是积极的一面，但刷短视频、接收社交软件上的各种信息也很有可能会让自己的情绪产生波动。我们本可以沉浸在“无知的幸福”中，可几秒钟的时间，就得知前任有了新的恋情，最好的朋友被人欺负了，或是某个兄弟姐妹在大学里过得不好，你仅仅只是滑动一下屏幕而已，一下子就接收到这么多身边人相关的信息很容易导致情绪过载。许多青少年在跟我聊天时都表示，他们对查看社交媒体中的消息感到焦虑和恐惧，但如果不看，又会感受到错失的恐惧。在你刷手机之前，正念放松是非常有帮助的，以下的练习可以帮助你在稍后的浏览中保持正念的心态。

现在或者接下来的几天里，留出 5 分钟的时间来尝试这个活动。不需要每次刷手机之前都做，但多做做是有好处的。

正念练习：社交媒体中的正念

- 深呼吸，耸耸肩，再深呼吸几次直到全身处于放松状态。
- 再吸一口气，耸耸肩，放松自己的大脑。
- 登录最常用的社交软件，阅读看到的第一条更新，并且只阅读第一条更新。坐下来，审视身体和大脑，注意自己的感受——例如，快乐、悲伤、愤怒、嫉妒、怨恨、被遗忘或什么都没有，或者是其他什么。
- 闭上眼睛，再次深呼吸，看看下一条更新。你想到了什么？身体有发生什么变化吗？
- 再一次，闭上眼睛，深呼吸，清空思绪，尽可能“重置”自己。然后阅读下一条更新。

持续练习几分钟，然后回答下面的问题。

- 你产生了什么情绪和想法？

这些情绪和想法是否有潜在的模式？

社交媒体为专注于自己的经历和体验提供了很好的机会，还可以放慢情绪的速度，让自己重新掌握节奏。所以，虽然每次上网前都这样做不太现实，但我建议你在浏览他人动态的前后都进行一次自我检查，可以使用之前学过的“STOP”方法。

本章小结

我们最好的记忆往往是与好朋友在一起的时光，另一些人则可能让你感到焦虑，想要逃避。但我们无法回避所有人，即使你离开了学校、食堂，派对和工作仍然在生活中等着你。

大多数时候，只要你多多练习，就能在社交场合建立自信、保持自在。随着时间的推移，当你面对那些让自己不堪重负的人际关系时，你就能勇敢面对，而不是当一个逃兵。对自己和他人都更耐心一点，关怀多一点，专注于现实的目标而不是完美主义或最坏的情况，你的状态会好很多。

现在一起来回顾本章中的教学、技巧和练习。

- 你最感兴趣的练习是什么？

- 你在日常生活中最可能使用的技巧是什么？

- 下周你打算尝试哪些练习？

CHAPTER 6

压力下的表现

到目前为止，这本书给出了在家庭、学校和社交场合这些相对确定场景下的正念练习，但除此之外，我们在其他很多情况下也会发现自己被焦虑困扰，比如表演、面试时等。

本章旨在介绍正念在其他焦虑场景下的应用，与本书中的其他练习一样，这部分内容也普遍适用于任何场景，即使你没有舞台恐惧或驾驶恐惧，你也可以尝试这些练习，因为在其他焦虑情境下也是适用的。

活动 42 工作和大学面试

你需要知道的

面试是一项特殊的挑战，如果我们掌握不好分寸，自信就会变成傲慢，谦逊就会变成自卑。加上对得到这份工作的渴望，以及可能不被录取的风险，我们很容易在面试前、中、后感到焦虑。

但是，如果恰好有一种能让人看起来自信的简单方法呢？

哈佛商学院最近的一项研究考察了某些特定的身体姿势是否会通过影响激素水平来影响自信心。研究人员发现，“强势”的姿势会产生更多的自信激素，减少压力和焦虑激素。最典型的姿势是：挺胸抬头，双腿分开，双手叉在腰间，就像神奇女侠或超人一样。研究表明，受试者在模拟面试前练习几分钟这种姿势后，在很多情况下都被认为更有自信，从而更有可能被面试官录用。我知道，这听起来好像不可思议，但它的确能帮助你放下焦虑，变得斗志昂扬。此外，还有一些可能有用的建议：穿上体面的衣服，留出足够的时间，提前琢磨一下自己最想向面试官传达的品质和成就。

现在好好思考下面的问题，在面试前一定要回顾一下自己的答案，这会是一个即刻奏效的信心助推器！

- 你想和面试官分享自己哪些独特、美好的品质？

____

____

- 到目前为止，你生命中最引以为豪的事情是什么？

____

____

正念练习：自信地呼吸

- 在面试之前，找一个安静的地方练习，可以是户外一处安静的角落，也可以在卫生间或阳台。站直，挺胸，双手叉在腰间。
- 将注意力转移到呼吸上，想象一下呼吸深入腹部和身体更深处。
- 每次呼吸时，想象自己的身体每处都充满信心。
- 感觉信心向外辐射，穿过皮肤，向周围逸出。
- 现在想象一下，满怀信心地走到面试官面前。在脑海中练习坚定的眼神交流、微笑、有力的握手，以及自信的问候。
- 提醒自己，负责人已经对你有了好感，而且也对你很感兴趣，否则你也没有去面试的机会。
- 最后一次深呼吸，睁开眼睛，昂首挺胸地走进去。

活动

43 运动

你需要知道的

体育既是一项体力运动，也是一项脑力运动，尤其是在高水平竞技的比赛中。每当专业运动员被问到如何才能达到最高水平时，他们通常会说：如果只是看体能水平，很多运动员都足以参加奥运会，关键在于心理素质是不是足够好，包括在各种心理训练、精神韧性和内心纪律上表现出的能力，这些才能让他们在高强度的压力下发挥出自己的水平，而不会因为面对乌泱泱的人群而感到窒息，无论是亲友团还是现场乃至电视机前的数万观众。

提高体能水平需要久久为功，心理能力也是如此。许多运动员会在练习时刻意把动作放慢，就像慢镜头一样，去仔细观察自己挥杆或击球的每个微小动作；还有一些人用非优势手（不是惯用手，另一只手）或脚来练习，这样能带来新的运动体验；还有人用想象或冥想练习来稳定神经、提高注意力，并训练自己保持警觉、冷静。

菲尔·杰克逊是非常出色的篮球教练，分别带领芝加哥公牛队和洛杉矶湖人队夺得过 NBA 总冠军，他自己经常冥想，也教球员练习。历史上许多其他领域的顶级运动员也都在练习冥想。

无论你从事什么运动，交叉训练都非常关键，能帮助你取得更好的成绩。拳击手通过学习芭蕾舞来保持轻盈的脚步，篮球运动员通过学习武术来使身体更加协调，潜水员通过举重训练来增强力量。交叉训练使运动员保持敏捷，同时能更好地掌控自己的身体。一些特定的交叉训练也可以帮助运动员在面对焦虑时保持平静。越来越多的运动员用瑜伽或其他运动冥想（如太极或气功）进行交叉训练，为比赛或表演做好身心准备。

瑜伽并不意味着长达几个小时的练习，汗津津热烘烘的健身房，或不得不像卷饼一样把自己卷成一个很难受的姿势，它也可以是一些随着呼吸进行的简单伸展运动。在做瑜伽时，能更容易地跟随自己的呼吸，保持与身体的联结，进而舒缓焦虑并训练自己的专注力。如果你认为瑜伽有帮助，可以尝试劝说教练和体育老师把它添加到日常训练中，作为精神和身体交叉训练的一部分。

下面这些瑜伽姿势你可以试一试，尤其是在让你感到焦虑的比赛之前。

正念练习：赛前瑜伽

下犬式

这个姿势真的可以让人保持头脑清醒。

- 双手和膝盖着地，膝盖在臀部下方，双手放在肩膀正前方，双手双脚打开的幅度一致，收紧脚趾，手指前伸，压在地面上。

- 抬起膝盖时呼气，抬起臀部，将背部顶向天花板。
- 在下一次呼气时，将大腿向后、向上推，脚后跟向下压到地板上。保持膝盖伸直但不要固定，用非常小的动作试着向内旋转大腿。
- 把手指沿着地板伸出，肩胛骨向后靠近臀部。把头夹在两臂之间，不要让它晃来晃去，脚后跟向下压。
- 你的身体会呈一个倒 V 形，臀部是 V 形的顶点。保持这个姿势，在接下来的一两分钟里，随着呼吸察觉整个身体的伸展。注意这个练习前后精神或身体状态发生的任何变化。

快乐婴儿式

在比赛前、中、后对自己的表现感到不知所措或沮丧时，这个姿势可以让你感到舒适、放松，慢慢地恢复平静。

- 仰卧。深呼吸几次，在呼气时，双膝向胸部靠拢。
- 吸气时，抓住脚趾末端，向身体两侧张开双膝，向上靠近腋下。保持脚踝伸直，位于膝盖正上方，整个小腿垂直于地面。
- 绷直脚后跟，双脚向上推，双手抓住脚趾向下拉，保持肩部尽可能不动。让脊柱在地面上拉长、伸展，感觉你的头部在向上拉伸，尾骨向下推向地板。
- 在伸展和放松肌肉时，非常轻柔地从一边摇晃到另一边。记住要微笑，你是一个快乐的宝贝！
- 保持这种伸展状态一两分钟，然后在呼气时将双脚放回地面，再休息。注意这个练习前后精神或身体状态发生的任何变化。

鹰式

类似这样的瑜伽平衡姿势有助于提高协调性和注意力，同时建立对精细肌肉动作的认识与控制。

- 向前伸展双臂，右臂交叉置于左臂上方。将肘部向上弯曲，手臂弯曲，两个手掌尽可能地相互握紧。
- 站立时双脚与肩或臀同宽。将左膝向上抬起，弯曲右膝，将左腿交叉置于右腿上，尽可能高地放在右大腿上，左脚脚趾勾在右小腿后面，右脚保持一刻的平衡。
- 双臂向上抬起，然后弯曲右膝，慢慢下蹲，在整个过程中保持平衡，眼睛盯着远处或地面上的一点。保持该姿势呼吸几次，最多一分钟。
- 慢慢站起、放松，左右手和左右腿的位置互换，重复做一次。注意这个练习前后精神或身体状态发生的任何变化。

● 你觉得这些姿势中哪一个最有用？

____

____

● 在做这个姿势之前、期间和之后，你察觉到了什么？

____

____

- 你觉得专注于身体和专注于思维，哪个更简单，哪个更困难？

活动

44

表演

你需要知道的

仔细想想，你会惊讶地发现自己其实经常在众人面前表演，不管是在全班面前的演讲、舞台表演，还是体育活动。对于任何表演而言，最好的准备都是多加练习。但你也许不知道，思维中的练习往往同身体上的练习一样有帮助。无论是音乐表演、运动表演，还是其他什么，内心演练和冥想都有助于减轻焦虑，让你做好准备，以最好的状态进入表演情境。

正念练习：艺术大师

- 首先，找一个安静的地方放松，找到一个能让自己感到舒服的姿势，保持 5 到 10 分钟，你可以选择坐着或躺着完成这个练习。首先，深呼吸几次，放松自己的身体和大脑。
- 想象一下，现在你独自一人练习即将表演的项目，也许是在一个空荡荡的音乐厅或体育场，或者是在其他地方。座位是空的，聚光灯打在你身上，你可以听到自己脚步的回声，察觉到自己的手在球、球拍或乐器上的感受，甚至可以闻到木头或草的气味。你是这里唯一的人，只是在那里练习和完善自己的表演，在这种氛围里沉浸一会儿。

- 当你觉得准备好了，就在心里练习表演的每一个步骤。想象、排练所有需要的身体动作，就像自己真的在做一样。当你对自己的技术越来越有信心时，你听到了远处传来的脚步声。
- 你看到一个人影从黑暗中走出来，和你一起站在聚光灯下。他是你的英雄，是你学习和工作中的榜样，是你梦寐以求的教练或老师。这位大师的脸上带着温暖的笑容，你向他介绍自己，他可以提供任何你需要的指导。
- 现在，你们花几分钟的时间一起倾听和练习，你的一举一动都跟大师一模一样。想象自己的动作近乎完美，感觉自己身体的每个动作都恰如其分。

很快，大师要和你说再见了，但只要你需要，他都会在那里帮助你，给你建议或支持。你总是能在身体深处听到大师的声音，察觉到他时时刻刻都陪在自己身边。

- 跟大师说声谢谢，或者用微笑、点头示意来表达感谢。然后就看着大师消失在黑暗里。你可以听到他的声音仍在脑海中萦绕，细细品味刚刚新学的技巧，这些技巧已经深深印刻在了身体之中。
- 现在，保持这种感觉，然后动一动脚趾和手指，睁开双眼，回到房间中。

活动

45 怯场

你需要知道的

即使是非常自信的人，在很多人面前表演也会感到不安。我们在讲台前、舞台上或是体育场表演的时候，很容易担心自己发挥失常。为了达到最佳状态，恰当的压力能让我们保持高度专注，给我们提供能量，但不要过度，否则会妨碍大脑进行清晰的思考。如果把这个压力的等级定在 1 到 10 之间，那么最佳的压力值介于 6 到 8 之间。

- 在重要的舞台表演之前，你的焦虑值通常是多少？

- 什么能帮你把分值降至 6 到 8？

在活动 27 中，你练习了渐进式肌肉放松，这是加强身心联结、放松身心非常好的方法。你也许还记得在这个练习中尝试握紧拳头，然后放松的感觉。在大型演出之前，你大概率没有时间躺下并活动每个肌肉群，但可以花点时间快速放松一下身体主要的肌肉群，让你的整个身体系统平静下来，达到一个不错的状态。

正念练习：迷你版肌肉放松

- 花些时间深呼吸，耸肩，然后放松，让肩膀自然下垂。感受收紧和放松前后的对比。
- 现在双手握拳，感受从手指到手臂的紧张感，然后松开，让放松的感觉回流到肌肉中。
- 接下来，收紧腹部、髋部和臀部的肌肉。只需要收紧和放松，感受紧张感的流逝。
- 伸展脚趾，弯曲小腿，然后是大腿，只需要一小会儿，然后放松。并注意到随着放松感的流入，紧张感被冲走了。
- 收紧下巴和脖子（如果你这会儿是一个人，也可以同时紧闭双眼），然后放松。
- 现在深呼吸几次，注意身体的变化。
- 深呼吸，挺胸抬头，自信地走向表演的场地。

在下次表演之前，请做一做这个练习。

活动 46 惊恐发作

你需要知道的

有时候，我们做出巨大的努力试图改变外在的生活环境，调整内心的状态，都不能防止焦虑。我们会陷入自己最害怕的情况：不管做什么，惊恐依然会发作。

惊恐发作并不意味着你是一个失败者，也不意味你努力得不够。它只是在告诉你，你的身体无法再承受更多的压力，要知道，有五分之一的人都会经历恐慌。

你可能已经知道，惊恐发作总是会结束的，你能熬过来。通常情况下，惊恐发作会在几分钟内结束，你会感到相当疲惫，但之后你会慢慢好转。重要的是，无需为自己感到羞愧或愤怒，不要因为惊恐发作而自责。有过这样经历的人往往提心吊胆，担心惊恐再次发作，这会从整体上提升他们的焦虑程度，也会提高复发的可能性。这也是为什么我们需要把练习正念和其他放松活动常态化，而不是在焦虑时临时抱佛脚。这些练习可以整体改善你的焦虑值和压力水平。

你也许还不知道自己是否曾经或正在经历惊恐发作。以下是惊恐发作时许多人都会出现的一些症状：

- 心跳加速（因为声音太大，很多人甚至会担心被别人听见）
- 胸痛（许多人认为自己心脏病发作）
- 呼吸困难（看起来像哮喘发作）
- 手足刺痛、发麻
- 感觉虚弱或要晕倒
- 震颤、发抖
- 潮热或打冷战
- 剧烈出汗
- 恶心或胃痉挛
- 强烈的恐惧感，担心可怕的事情会发生
- 有失控感
- 思维鸣响（指想到什么就听见自己的想法被说出来）

惊恐发作时，很难保持理智。但是这很快就会结束，你很安全，没有危险。但你有必要做一个表格，把了解你焦虑症状的人列在上面，在遇到困难的时候，你可以与他们联系。

● 在焦虑或恐慌的时候，你可以向谁求助？在下一页写下他们的名字和联系方式，并找一张小卡片，或是在手机、电脑上保存这份名单的副本。

正念练习：让雨下吧（RAIN）

我的朋友萨拉总是说："正念并不是为了平息风暴，而是为了在风暴中找到平静。"惊恐发作就像焦虑的飓风、龙卷风和暴风雪合为一体，当它们袭来时，好像整个世界都陷入黑暗，看不到光明。但飓风都有一个暴风眼，这里是最平静的地方，我们可以用下面这个"RAIN"练习来找到这个平静的所在，帮助我们度过惊恐发作的困境。

- 识别（Recognize）正在发生的情况。它意味着知道有事情正在发生，并去了解这件事情是什么。如果你以前经历过惊恐发作，那你一定知道即使它很可怕，自己也能熬过去。也许你一开始还做不到，但经过练习，你的思维就会发生转变：啊哈！不过是一次惊恐发作，没什么大不了的。仅仅做到识别，就可以削弱风暴的力量。
- 允许（Allow）并接受。允许甚至是接受当下的情况并不意味着你要喜欢它，而不是去否认或逃避现实，不因正在发生的事情去评判自己。在惊恐发作的情况下，就让身体顺其自然，静静地等待风暴过去。人类无法控制飓风，也无法控制大自然的力量。心理治疗界有句谚语："我们抵抗的东西会持续地存在。"

- 体贴地探索（Investigate）。惊恐发作的真相是什么？它不是把你置于危险的境地，而是你的身心在试图保护你，只是恰好反应过度了。你体内产生了什么变化？这种感觉是时来时去，还是始终如一？你的想法是一直消极悲观的，还是也有波动，让你能获得片刻的安宁？这些可怕的故事是关于什么的？谁的声音在讲故事，谁在听，你必须相信它吗？最后，这段经历有什么需要自己关注的地方吗？你的身体、思维或精神是否需要特殊的照顾？
- 不是（Not）你一个人的问题。这很有趣，通俗地说就是：别往心里去。这不是你的错，你的感觉不是事实，你的想法并不能定义你是一个什么样的人。

练习"RAIN"的时候，我们会在风暴中找到平静，在暴风眼里停留直到风暴过去，甚至可以从中学到些什么。虽然这个练习是为了帮助你应对惊恐发作，但你也可以随时使用"RAIN"来帮助自己在日常生活中更加清醒。在第一章"关于焦虑"中，你学习了"STOP"，学习了在每天的不同时间应用这个练习。而当你特别忙碌的时候，也可以尝试用"RAIN"来代替"STOP"，或者在困境、风暴来临时使用它。

活动

47 做出决策

你需要知道的

我们总会不断地面临各种各样的选择：我想去哪所大学？学什么专业？要知道，连去超市买牙膏，你都可能面对几十上百种选择。对大多数人来说，有选择权是一件好事，但对有些人来说，无论选择大小，都可能引起巨大的焦虑。

如果你在做决定时经常感到焦虑，那么正念就可以大大地缓解紧张。害怕做决定最主要的原因是怕决定错误。做错决定一切都毁了，做对决定一切就完美了，这其实是非黑即白的思维。现实总是介于两者之间，一旦我们意识到了这一点，就有了良好的开始。

被决策焦虑困扰的人可能会发现，如果自己总是做不了决定，那不做决定本身就会成为一个决定。不采取行动也会产生后果，这个后果也许比你决定错误更严重。

不久前，我的办公室来了一位名叫瑞恩的大一新生。他告诉我，自己的生活各方面都很美好，但有一件事特别困扰他：他根本无法做出决定。在成长过程中，父母给了瑞恩很大的学业压力，要求他成为一名医生，而这可能就是他焦虑的根源。因为父母把他的未来和生活都规划得清清楚楚，导致他在任何问题上都难以做决定，不仅无法决定学什么样的课程，做什么职业，甚至不能决定今天的午餐吃什么。而这个问题也导致了严重的后果，他错过了两次重要的实习和一次出国留学的机会。

正念帮助瑞恩更灵活地看待事物，坦然接受生活中发生的事情，并认清任何决定总是有利有弊的。他也开始寻找办法，让他的思维找到一个平衡点，在这种状态下他百分百信任自己的决定，而不会在后悔或恐慌中沉溺过去、担心未来，也不会在事后怀疑自己的决定。

辩证行为疗法是心理治疗的一种，它提出 3 种思维状态：

- 情绪思维包括恐惧甚至兴奋的状态。这是一种充满激情的状态，这对于享受生活，维持生存是非常重要的，但当需要做出长期决策时，这并不是最佳状态。
- 理性思维能够冷静地观察事实并分析性地做出决策。它在做决策时非常有用，但也可能导致生活缺乏乐趣，不能随机应变。
- 明智思维是我们理性和情感思维重叠的领域。在这种状态下，我们可以做真实的自己，能够以最清晰、最深思熟虑的方式思考、说话和行动。为了做出最佳决策，我们最好是利用明智思维。

● 什么时候保持理性思维最合适？

- 什么时候保持情绪思维最合适？

- 想想自己曾经做过的错误决定，当时思维状态是什么？

- 哪些活动或练习可以帮助你更好地进入明智思维状态？

- 下周你打算进行哪种正念活动？

选择一项准备完成的活动或练习，在日历上做个记号，或者在手机上设置一个提醒。在一周结束时，回顾自己觉察到的一切，特别注意你所有的感官。

本章小结

不是所有引起焦虑的因素都能被简单地归类。对很多人来说，焦虑潜伏在意想不到的地方，但我们可以知道自己何时被触发，可能是由于表演、运动，也可能是青春期其他无可避免的事件。有时，尽管自己已经尽了最大的努力，焦虑仍然占据上风，这个时候不要与其缠斗，最明智的做法是静静地等它消失。当然，在更多的情况下，焦虑会以本书没有提到过的形式袭来，但如果你练习了这些技巧并找到了最适合自己的，那就可以把它应用到各种场合。随着你的成长，你可以继续使用这些技巧，去面对越来越艰难的决定，比如出国旅行、大学的选择，最终开始自己的事业和家庭。

现在我们来一起回顾本章中的教学、技巧和实践练习。

- 你最感兴趣的练习是什么？

____

____

- 你在日常生活中最可能使用的技巧是什么？

____

____

- 下周你打算尝试哪些练习？

在日常生活中练习正念的十个时刻
1. 排队等候的过程中
2. 在某个地方等朋友见面时
3. 在电影开始前
4. 在入学或工作面试之前
5. 在浏览手机之前、期间和之后
6. 出门之前
7. 在打开冰箱之前
8. 当店员为你结账的时候
9. 在等红灯变绿的过程中
10. 每次想看手机的时候

小结

我的一位老朋友曾经这样描述正念式的生活：

我曾经觉得自己被困在一个壁橱里，所有的烦恼和想法把它塞得满满当当。我不能呼吸，也无法脱身。而现在我的天地宽广了许多。当然，有些想法和担忧依然存在，但不会挡住我的路，我也不会意外地撞到它们，因为我能发现它们在哪里，并想方设法避开。

成千上万的青少年每天都会面临一些常见的焦虑，希望这本书能帮助你应对。到目前为止，你可能已经学会了一些在家里、学校、社交场合和其他地方保持冷静的方法，你可以在任何时候，尤其是焦虑即将袭来之前、之时和之后用上这些方法。

我们讨论了正式的冥想练习和短暂的正念时刻，从学习、工作到娱乐，每天都有非常多的事情可以用正念的方式完成。即使你忙得不可开交，也有很多只要花上一分钟的练习可以做，如“STOP”“RAIN”“4种元素”和“CALMM”。

正念不是你想象的那么困难、耗时或者奇怪。下面介绍几个你可以抽出几分钟进行正念的时间：

- 早上醒来，看手机之前
- 每次听到门铃响或手机上的新消息提醒时
- 每次听到微波炉或厨房定时器响起
- 走上楼梯的前几步
- 每次伸手去抓门把手或水龙头时
- 听到电话铃响时
- 等待水烧开或食物煮熟的过程中
- 打开电灯开关或按下电梯按钮之前和之后
- 等待游戏加载时
- 步行去学校的途中（如信号灯、十字路口或拐角）
- 排队的过程中
- 早上等家人从洗手间出来时

我希望你能发现正念在日常生活中是多么地简单有效。愿你的生活中没有不必要的焦虑和压力。

致谢

许多朋友、同事，还有我最重要的来访者，都为这本书以及后面的修订提供了灵感。书中许多想法来自我读过的书，还有和我的导师克里斯·格默、罗纳德·西格尔，和我的朋友艾米·萨尔兹曼、武祖默、吉娜·比格尔的交流。米奇·阿贝莱特一直我非常好的朋友以及写作伙伴，多年来一直为我提供了十分精彩的反馈，特别是在我治疗经历困难的青少年时，给出了很多有益的建议。埃迪·叶芝和乔·沙伊的督导也一直鼓舞着我。

书中的一些练习活动，来源于一些从其他人那里学到的东西，我进行了改编。布莱恩·卡拉汉教会了我“正念的三个 R”，谢谢你，布莱恩。克里斯·格默是第一个论证“要么战斗要么逃跑”的人，并借助图像引导，帮助我找到了属于自己的“富有同情心的朋友”。我的朋友阿什利·希特金帮我整理了相关的瑜伽姿势。乔·卡巴金和一行禅师的意象启发了“湖泊冥想”和“身体扫描”。一行禅师还启发了吸气和呼气技巧，这是两种正念练习的核心。“渐进性肌肉松弛”建立在赫伯特·本森的研究基础上。一位同事教会了我一种“CALMM”的变式，另一位教会我驾驭“4 种元素”，而“STOP”则是由以利沙·戈尔茨坦和鲍勃·斯塔尔推广开来的。“RAIN”来自米歇尔·麦克唐纳。

在此，我也要感谢我的编辑们，New Harbinger 的杰西・奥布莱恩和简・布洛姆奎。

多年来，我从专业人士那里学到了很多，更多的是从青少年和他们的父母那里学到的。和你们一起工作是我的荣幸。一直以来，你们所付出的努力都令我感到谦卑、备受鼓舞，希望本书恰当地呈现了你们努力的过程，而你们的经历也将大大帮助其他遇到困难的人。

谢谢你们。

成就证书

谨将此证书颁发给

____

（你的名字）

因为你已圆满完成了

《你可以摆脱焦虑》中的所有练习

日期：______________________________

你为此一定付出了辛苦和努力，祝贺你！